東京
森島

神の心 剣の心

新装増補改訂版

森島 健男 述
乃木神社尚武館道場編

本書を森島健男範士のご霊前に謹んで捧げます

カバー・口絵撮影／徳江正之
題字／相木吉隆（橿原神宮禰宜）
カバーデザイン／㈱エールデザインスタジオ

序

昭和五十八年十一月一日、乃木神社御鎮座六十年奉祝記念事業の大きな柱として、乃木神社尚武館道場が誕生、その主席師範としてご就任いただいたのが、森島健男師範である。爾来、大御代は平成の世となり、来年正月には、早くも道場開設十五周年を迎えることとなり、この間、熱誠を込めて少年剣士達を始め崇敬者を御指導いただいた森島師範の講演録・口述・論文等につき、師範のご承諾をいただき記念出版をさせていただくものである。

いづれも剣道の神髄・核心に迫り、且つ日本精神に直結するものばかりであり、御祭神乃木将軍に御嘉納いただけること、間違いないものと確信する。

乃木将軍最晩年は明治天皇の勅命により、学習院々長として、昭和天皇(当時の皇孫殿下)のご養育と、次代の日本を担う青少年の教育に専念されましたが、その教育方針は、知育・体育・徳育の三育をもって、世のため、人のために尽くせる立派な日本人をつくる教育で、特に剣道では、自ら竹刀を握り「当節ハ寒稽古中ニテ、毎朝少年ヲ相手ニ汗ヲ流シ申候」と友人に書かれ、また「寄宿舎デ楽シキ事ヲカゾフレバ、撃剣音読朝メシノ味」と詠まれた如く、如何に楽しくまた、熱心に剣道をされたかが偲ばれるものである。

御祭神乃木将軍の精神を神意奉行する由縁のものが、尚武館道場・森島師範の教えそのものであることが、この書を繙く皆様に御理解いただけるものと信ずる。

尚、本書の編集に当たっては、道場設立当初より懸命に尽力された前乃木神社尚武館道場教師相木吉隆現橿原神宮権禰宜（現禰宜）又、松崎睦彦乃木神社権禰宜（現函館乃木神社宮司）と、大所高所よりご指導いただいた梯正治師範又、「剣道時代」伊藤幸也氏を始め関係各位のご協力によって上梓出来たことに深甚なる感謝を申し上げる次第である。

平成十年九月十三日

乃木神社

宮司　髙　山　亨（現名誉宮司）

神の心　剣の心／目次

本書は、平成十年に刊行したものに新装増補改訂したものである。

第一部◉講演録

神の心　剣の心

平成七年四月十三日、乃木神社崇敬者大祭にて行なわれた
森島先生の特別講演会の記録です。
演題を「神の心　剣の心」と頂戴しましたので、
この演題を本の題名と致しました。

神道とのかかわり

私は、当乃木神社の尚武館道場で少年剣道の指導を致しております。普段皆様方に大変ご支援を頂いております。厚く御礼を申し上げます。今後とも宜しくご指導、ご支援の程お願い致したいと思います。

何分にも一介の武芸者でございますので、皆様方のご期待に添えるような話が出来るかどうか、甚だ疑問に思っておりますけれども、私の体験を通じまして「剣道の心とはどういうものか」ということについて、お話を申し上げたいと思います。

ただいまご紹介頂きましたように、私は旧制の中学校に入りました時から剣道を始めまして、それから今日まで途中で軍隊の経験もございますが、約六十年に亘りましてこの道一筋にやって参りました。けれども、大変剣道というのは難しいものでございまして、自分の影を追いかけるようなものでございます。進めば進んで行く程、影は逃げていくのでございます。それくらい剣道は奥深いものだと思っております。

「日暮れて途遠《みち》し」という言葉がございますけれども、丁度その言葉のように、ただいまの私の心境はそうでございます。恐らく死ぬまで「剣道とは何か」ということが判らないで終わるのではないかなと、それぐらい奥深くて難しいものでございます。

そういう訳でございますので、色々と剣道の心等と自分でわかっていないことを皆様方に話をすることは、甚だ心苦しいことでございますけれども、与えられた時間どうぞご辛抱の程お願い致します。


元々剣道は、刀剣を使用致しまして、敵と格闘して自分の身を守る技術を錬磨することから始まったものであります。

刀剣も年代と共に段々と変わって参りまして、現在の日本刀は、だいたい今から千二百年くらい前に造られたということになっております。その前のことは余りよく判っておりません。しかしながら、記紀、いわゆる古事記等の書物にもそのことが出ておりますので、恐らく神話の時代から、今の剣道の原型になるようなものはあったのではなかろうかと思います。剣や矛というような物がございましたので、そういう武器があれば、それを使う方法があった筈だと思いますが、そういうことは一切判っておりません。

ただいま申し上げましたように、剣道というのは刀剣を用いて自分の身を守る、相手と格闘して相手を倒す、こういうものから始まったことは間違いございません。そういうものが長い歴史の中で色々なものの影響を受けました。学問・宗教・道徳・芸術……、そういうものの影響を受けまして、人殺しであったはずの剣道が、人間の道まで昇華されて参りました。その中で一番古く影響を受けましたものが、我が神道でございます。その後、儒教と仏教が入りましてその影響を多分に受けました。仏教の中でも、禅の影響を多分に受けてまいりました。

今日はそういう関係で、神道からどういう影響を受けたかということについて少しばかり申し上げてみたいと思います。

先程申し上げましたように、古事記等にもそういう記事が沢山出ております。伊邪那岐《いざなぎの》命《みこと》が、佩刀《はいとう》の十拳《とつか》の剣《つるぎ》を振るって、その子の迦具土神《かぐつちのかみ》の頸を斬り給えば、十六の柱《はしら》の命がお生まれになったという記事がございます。それから、天照大御神《あまてらすおおみかみ》様が、須佐之男命《すさのおのみこと》から十拳の剣を受けたとき、これを三段に打ち折られた。そこから三柱の命がお生まれになっ

た。一番有名なのが、須佐之男命の大蛇退治《おろちたいじ》でございます。大蛇退治をなさってその尻尾から剣が出た。それが三種の神器の一つになっております天叢雲剣《あめのむらくものつるぎ》ということになっております。私どもの祖先は剣をもって、いつも新生命を産む働きをなすものだ、と考えたのでございます。

それからまた古来武道は、特に剣道は「神武不殺《じんむふさつ》」と言います。神武というのは、神（カミ）の武（ブ）でございます。不殺というのは殺さない。神武不殺と申しまして殺さないばかりでなく、武と言いますのは「む」であり、「産」うむの義であるとして、それでやはり私どもの祖先は生命の根源、生産の働きを成すものとして矛や剣を考えて、それが神聖なる宝器として日本民族の生成の象徴とされてきました。

先程申し上げましたように、三種の神器の中の天叢雲剣が、皇位継承の象徴とされたり、また剣を神器としてお祀りしてある神社も全国には沢山ございます。そういう剣の精神というものが、ずっと受け継がれて参りました。刀剣を神器として崇拝する信仰心は、日本人の心の中に強く存在している、というふうに確信を致しております。それが先ず第一に神道とのかかわりでございます。

神人一如

次に、現代剣道の流れを考えてみますと、流派という問題がございます。それは今から約六百年くらいの歴史がございます。

古来、剣道の一派を開いた流祖は、みな生死をかけた一生の鍛錬と宗教的な霊験《れいげん》によって極意に達した。妙奥に達しています。そして、そこに流派というものが出来ました。最初は数多い流派ではございませんでしたけれども、長い間に分派が分派を生みまして、幕末にはだいたい五百くらいの流派があったと言われております。今はそうではございませんが、有名な流派は現在までも残っておりまして、私どもが現在やっております竹刀でやる剣道の源流が、その流派剣道にあると思います。

それでは、その流祖たちがどのような修行をしたかと言いますと、記録によりますと、殆どの剣客が神社に参籠《さんろう》をしたようでございます。飯篠長威斎《いいざきちょういさい》などという方は、香取神宮に一千日の参籠をされた。昼間は木刀を振るって技の研究をされたし、夜になりますと御堂に籠もられて瞑想《めいそう》をされた。

そこで、瞑想という言葉でございますけれども、どういう方法であったかということははっきり判っておりません。けれども、恐らく御神前に静坐をして、一所懸命に自分の呼吸を練られたのではなかろうかと思います。そして純一無雑の気持ち、神道で申し上げますと「明《あか》き・浄《きよ》き・正《ただ》しき・直《なお》き心」と申されております。私どもの方ではそれは無心とか、鏡の心と言っております。全く同じことでございます。綺麗な心、神様のような心になった時に、普段研究し工夫しております技が、何かの霊感を得てそこに新しい境地が開けてきた。それで、各流派を組織されたというふうになっております。

現代でこそ、そういう参籠をする人は余りいないようでございますけれども、私どもは道場におきまして、静坐・瞑想というようなことをやります。剣道は技だけではなくて、その技を生かすのは〝心〟でございますので、心に何か雑念がありますと技が働きません。一つのものにこだわりますと技が一切働いてこない。赤ん坊のような気持ち、神様のような気持ちになった時に、自由自在にそこから技が生まれてくる。ですから私どもも、そういう技の修錬と同時に心の修錬をやっておる訳でございます。

が、なかなかそれが難しい。技は稽古さえすれば、訓練さえすれば、誰でもうまくなるように出来ております。そういう素質を元来持っております。ところが心ということになりますと、これはもう大変難しいのです。生まれた時は、綺麗な心、赤ん坊の心と申しますように、非常に綺麗な心をもっておりますけれども、段々成長して参りますと、その綺麗な心に垢が溜まって参ります。一度溜まった垢というものはなかなか落ちない。ですから、私が先程申しましたように、一生かかっても出来ないだろうとはそのことでございます。昔の人も、非常にそのことに工夫をされたようでございますので、神社に参籠して技と心の修行をされ、そして、神の心になる――神人一如。神様と人間とが一つになる。そういう修錬をされたようでございます。それが第二番目でございます。

道場と神棚

もう一つ申し上げておきますと、昔から私どもの剣道の修行を致します場所を「道場」と申します。道場と申しますのは、これは仏教から出た言葉と思います。剣道はスポーツではございません。ただ勝ち負けを争って楽しむ、というようなものではございません。勝ち負けを争うということは一つの手段なのでございます。そして、その手段を通じて、立派な人格を形成する人間形成の道、というのが剣道でございます。そういうわけで、道場という所は非常に神聖な場所でございます。ですから、恐らく殆どの道場に神様をお祀りしております。どういう神様かと申しますと、先ず天照大御神、鹿島・香取の武道の神様、それから氏神様。当道場では申すまでもなく、御祭神乃木希典《のぎまれすけ》将軍が私どものお祀りしておる神様でございます。

道場という所は、そういう神様をお祀りしてある所でございますから、私どもは絶えず「神様とご一緒だ。神様の心にならなければいけない」と、道場へ入りました途端に、外のことは一切捨ててしまって、綺麗な気持ちになるのです。

そしてまた剣道は勝ち負けをやりますので非常に心が乱れます。心の乱れた方が負けです。極限状況に陥っても普段の心、いわゆる平常心、神の心を失なわないようにするということが、私どもの心の修行でございますが、なかなかそうはいきません。繰り返し繰り返し、少しずつでも向上していくのが修行と思っております。それは道場だけのことでなしに、日常生活においても生かさなくてはなりません。

それと同時にもう一つ大事なことは、日本の神様は私どもの御先祖様でございます。どの神様も御先祖様でございますので、神様をお祀りすることにより、敬神崇祖の気持ちを養っていく。これが道場に神様をお祀りしてある理由でございます。

以上、だいたい三つの点を申し上げましたけれども、そういうことで神道とのかかわりというものは非常に深いものでございます。

乃木精神の継承と実践

当剣道場は尚武館と申しますが、この尚武館は昭和五十八年に、御鎮座六十年の記念として、当神社の最大の目的でございます青少年の育成・教化の施設として、当時の小串和夫宮司によって創建されました。現在の髙山亨宮司に引き継がれ、非常に熱心に今、推進されております。とくに神社で剣道を行なっている所が沢山ございますので、この神社関係の剣道の錬成会をも、宮司のご発案によって今年（平成七年）で第六回目の研修会を終えたばかりでございます。大変盛んに行なわれております。

それでは当尚武館の指導目標は何かと申しますと、申すまでもなくそれは、乃木精神の継承と実践です。乃木精神の継承と実践が私どもの指導目的。乃木精神というのは、どういう精神かと一口に申し上げますと、忠君愛国。忠君愛国が乃木精神でございます。忠君愛国等と申しますと、誤解をされている向きもあるかと思いますけれども、決してそういうものではなく、忠君愛国というのは、天皇を中心として全国民が一致団結して、平和と独立を維持して、国家の発展を続けていこうというのが忠君愛国の精神なのです。これが我が国二千年来の伝統であります。

古来、日本には武士道というものがございました。――ございましたと申しますのは、今は全くその影がなくなってしまっている。その武士道というものは、我が神道、それから支那の儒教、そういうものを縦糸に致しまして、そして武道精神、とくに剣道精神を横糸にしまして、山鹿素行先生によって集大成された哲学であり、倫理思想だと思います。それで、山鹿素行先生は「武士道は私利私欲を去って義を貫く精神」と申されております。その山鹿素行先生の後をうけられまして、吉田松陰先生は「武士道は士道となり、天下万

乃木将軍、明治37年5月宇品より日露戦争へ出征のとき。
左手にはご子息2人の写真を持つ

画像提供＝乃木神社

民の守るべき道徳的規範だ」と申されました。

元々武士道と言いますのは、武士の掟、生活規範だったものでございますけれども、山鹿素行先生または吉田松陰先生によって、日本人すべての人の道徳的規範となって参りました。山鹿素行—玉木文之進—吉田松陰の系譜が、乃木将軍へと繫がっています。尚、将軍は、ご幼少の頃から立派な先生について、剣道の修行をされております。

将軍の生涯は、忠君愛国すなわち武士道精神で一貫しておりました。その乃木精神を受け継ぎまして、健康で、礼儀正しく、情操豊かな、思いやりのある人間を、この道場で育成しようというのが私どもの夢でございます。なかなか難しいことでございますけれども、何とかこの夢を叶えて、立派な人物を世の中に送りたいと、日本的日本人をつくりたいというのが私の念願でございますし、高山宮司のお気持ちでもあると思いますので、そのお気持ちを戴しまして、これから一所懸命に努力をしていきたいと思っております。

剣道上達の三要件

そこで現在の剣道の修錬について少し申し上げてみたいと思います。剣道上達の為には三つの要件がございます。

先ず第一は、いい師匠に就くことです。「正師を得ざれば学ばざるにしかず」、良い先生に就かないならばやらない方がいいと、こういう意味なのです。それくらい、いい師匠に就くということは重要なこと。私どもの剣道だけではなくて、これはもういろんなこと、万事に通じる言葉だと思います。

その次はやはり努力をすること。私どもの方で言いますと、一所懸命稽古をするということです。私どもも若い時分は激しい稽古をしました。親や兄弟には見せられないような激しい稽古を致しました。もう親に見せたら連れて帰られるという稽古です。私は、先程詳しくご紹介ありましたように國士舘専門学校へ入りました。これは当時、武道が専門でございました。私の同級生は五十人一緒に入りました。卒業する時は何と二十七名。半数近くの人が、途中で脱落致しました。あまりに稽古が激しいので、逃げて帰っていく人もいたし、病気をする人もありました。それで如何に激しい稽古をやったかということはご想像願えると思います。

それからもう一つは、やはり工夫をすることだと思います。一所懸命工夫する。無駄の無い稽古をする為には、やはり研究・工夫しないと上達致しません。その三つのものが一つになりまして、それを繰り返し繰り返し、何十年も続けていくのです。私は剣道の修行というものは、平凡なことの繰り返しだと申しております。頭で考えてみてもそんなものは大して役に立たない。それよりもうんと稽古をして体で覚える。技は体に覚え込ましておくものです。そして、後は先程から申し上げておりますように、どんな場合でも無心であれば、相手の変化に応じて技は自由自在に出てくる。こんなことを申しておりますけれども、私にもなかなかそれが出来ない。出来ないから七転八倒、苦労を致しておるわけでございます。

そこで、師匠のことを一寸申し上げます。私には中学に入りました時から、私が行く先々に立派な先生がいらっしゃいました。私の一生にとりましてこんな幸せなことはないと思います。最後の師匠が、一昨年九十一才で亡くなりました。私の学生時代から、また警視庁時代も通じまして約四十年間、私はその師匠の傍に仕えました。これは見事な師匠でございました。今日は時間がございませんから、そのことは申し上げられませんけれども、死ぬまで私に文句を言って死んでいきました。それでいろんなことをこの師匠から教わりましたが、その中で或る時、今から二十年も前のことでございましょうか。

「おい森島君。これから一人になっても淋しくない修行をしろ」

（一人になっても淋しくない修行？どういうことかな……）と考えてみますと、なかなか判らないんです。それが間違えますと大変なことになります。世界で五十数億の人間がおりますけれども、一人として自分一人で生きている人はいない筈です。誰かのお世話になって生きているわけなんです。ですから、それを自分一人で生きてるなんて思ったら、大変な間違いを起こしてしまうのです。どうしてもそこのところが判らなかった。頭の中で判っておりますけれども、なかなか理解出来ない。

もう一つ「当たり前のことを当たり前にやれ」というのです。自分では当たり前にやっているつもりでおりますけれども、なかなかそれが当たり前でない場合が沢山ございます。

これもなかなか判らない。どういうことかな？　と。

今から丁度十五年くらい前になりますか。私は明治大学の剣道部も指導しておりますので、毎年三月の末になりますと新入生が入ってまいります。新入生の歓迎の意味で三月の末に合宿をやります。その時は、清水市の羽衣の松で有名な、あの三保の松原から歩いて五、六分の所のホテルに宿泊を致しまして合宿をやりました。

生憎のことに連日雨です。お天気でございますと学生を六時に起こしまして、トレーニングと申しまして駆け足をやったり、体操をやったりそういうことをやるのです。ところが雨ばかりでございますので、それが出来ません。学生どもは恐らく喜んで寝ていたのだろうと思います。私はと申しますと、私の師匠は禅の大家でございましたので、「毎日坐禅をやれ」と申しつけられておりましたので、坐禅は私の日課になっております。早朝起きてだいたい一時間くらい坐禅をやります。毎日雨でございますので、私は早く起きて静坐を致しております。

四日目くらいになりましたところが、東の空がぽーッと明るくなりました。雨があがりましたので、その日はすぐ外へ出まして、あの三保の松原の海岸を一人でずっと歩いておりました。「ほっ」と気がついて立ち止まって辺りの光景に気がついたのです。左の方には緑の松原越しに雪を頂く富士の霊峰が四海を圧するような威容で聳《そび》え立ち、右には広々とした駿河湾の波が光り、上空には取り残されたように残月が中天に懸り、遙か正面には伊豆の山景が霞み、その山上から真赤な太陽が物凄い迫力で昇る光景を観た時に、体に電流が走るような衝撃を感じ、一瞬茫然となり、大自然の威容に我を忘れてしまいました。

「ああ、これが神だ」

大自然の調和、天地一体とはこのことか！　これが、私が先ず実感として受けた感じでございます。それで色々考えていきますと「神」ということ。これは自然だと思うのです。絶対だろうと思うのです。私ども普段、言葉では申しております。真理だとか絶対だとか自然だ、誠だということを申しておりますけれども、それは頭で考えることではないか！　私はその光景に接したとき、出会ったときに直感的に「ああ、これが神だなぁ」ということを体験しました。

太陽は東から昇って西に沈みます。水は高い所から低い所へ流れていきます。春が来れば花が咲き、夏になれば葉が茂る。秋になればその葉が枯れて落ちる。冬になったならば厳しい寒さが来る。これが自然。これは人事ではどうすることも出来ない。これをずっと何億年か繰り返しております。人間だって同じではないかと思いました。生まれた者は必ず死んでいく。これが絶対。「父母《ちちはは》もその父母《ちちはは》も我《わ》が身《み》なり」と二宮尊徳先生は申されました。

私の命は私の両親から受け継ぎ、そしてそれをずっと辿っていきますと、結局、人間というものは「神」の命を頂いてこうして生きているのではなかろうかと思います。そしてまた、この命を次の人達が永久に、永遠に受け継いでいく。自分の命というものは、そういう後から続く人の命の中に生きている。「自分を敬せ、自分を愛せ」こういうことを感じました時に、生きるということは、何と素晴らしいことだろうと思いました。その時にこれは立派に生きなければいけない。もうそうなりますと、生きるとか死ぬとかいうことは問題では無くなってくるのです。師匠から言われたことが一挙に解決しました。そういう自然を愛する、自然に順応していく、自然を大事にするということ、これは神道の心です。

科学が発展致しまして、人間の生活が非常に便利になりました。裕福な生活が出来るようになりました為に、人間が傲慢になったのです。神を畏《おそ》れなくなりました。「自然なんてどうにでもなる」というぐらいに人間が傲慢になってきたのです。これは大変な問題だと思うのです。いつだったか、自然を征服、なんていう言葉を使っていました。ロケットが月に行った。日本の新聞が「遂に自然を征服」等と。冗談言っては困ると思うのです。自然を征服出来るわけがない。どんなに科学が発達しても、自然を征服するなんてとんでもない。これは人間の驕《おご》りです。いつかは大自然の仕返しを覚悟しなければなりますまい。剣道の中にも武道の中にもやはり、そのような自然を愛する、自然と一体になるというのが武道の哲学であります。

私はその時に、何というこの自然の調和だろうと思ったのです。山も空も海も太陽も、全部があの調和。だから剣道もかたちは勝ち負けで相手をやっつけるということになっておりますけれども、剣道の哲学はそういうものではないのです。相手と一つになる。相手と気持ちが一緒になる。「自他不二」と申します。自分が可愛ければ相手も可愛い筈です。相手そういう心、大和、これが武道の心だと思うのです。その心が、先程から申し上げましたように日本の武道の、剣道の伝統としてずっと将来まで続いていかなければなりません。

ですから、なんとかしてそういう自然の心、これが武道の心、というものを体得することが私どもの最終目的でございますけれども、それがなかなか難しくて出来ません。結局、自分の心に神を見る修行が剣道だと考えております。

それで今日演題に「神の心　剣の心」と、大変大それた演題をつけましたけれども、そういう意味を皆様方に申し上げたいと思って、こういう演題を掲げたわけでございます。

これからの課題・三つの実行

そこで、少し話が逸れて参りますけれども、先程申しましたように、日本人の心が丁度砂漠のように渇いてしまいました。自分さえ良ければいい。自分さえ得すればいい。人のことはどうでもいい。俺さえ楽な生活をすればいい。こういう人間が非常に増えて参りました。まるで社会生活は、砂を噛むような味気ないものになってしまった。だから、この心をやはり私どもは取り返していかなければいけないと思うのです。これは、これからの課題ではなかろうかと思います。丁度、今盛んに戦後五十周年の節目だなんていう言葉が、マスコミで言われている。国会辺りでも「不戦決議だ、謝罪決議だ」なんていうことをやっている。これは国を亡すようなことなのです。そういうことよりも、もっと前に考えるべきことがあるのではないかと思うのです。日本には、長い間伝統として培われた立派なものがあるのです。

先程申し上げましたように、忠君愛国の精神だって武士道だって同じことなのです。そういうものをすっかり終戦を境に捨ててしまったんですね。捨てさせられたんです。占領軍によって捨てさせられた。だからこれをもう一遍掘り返して見る。そういうことを考えないのかと。政治家でありながらそういうことを考えない。不思議に思うのです。日本人の心を取り戻す為には、やはり御先祖様が残して下さいました伝統というものを、もう一遍掘り起こしてみる必要があるのではないかと思うのです。

そういう意味で、今日お集まりの皆様方には、これは大変失礼な言い分かもわかりませんけれども、私はそういう心をもう一度取り戻そうということで三つのことを……。

まず第一に教育勅語をもう一遍復権しなくてはいけないと思っております。ある左翼の大学の教授がこんなことを言ったのです。「教育勅語はあれは真理だ。ただし天皇の名前があるからあれは駄目だ、反対だ」と、こう言ったのです。真理であれば誰が言おうと真理は真理なのです。世界中何処へ出しても真理は通用します。だからもう一度、あの教育

教育勅語

朕《チン》惟《オモ》フ《ウ》ニ 我カ《ワガ》皇祖皇宗《コウソコウソウ》 国《クニ》ヲ肇《ハジ》ムルコト宏遠《コウエン》ニ 徳《トク》ヲ樹《タ》ツルコト深厚《シンコウ》ナリ 我カ臣民《ワガシンミン》 克《ヨク》ク忠《チュウ》ニ 克《ヨ》ク孝《コウ》ニ 億兆心《オクチョウココロ》ヲ一《イツ》ニシテ 世世厥《ヨヨソ》ノ美《ビ》ヲ済《ナ》セルハ 此《コ》レ我カ《ワガ》国体《コクタイ》ノ精華《セイカ》ニシテ 教育《キョウイク》ノ淵源亦実《エンゲンマタジツ》ニ此《ココ》ニ存《ソン》ス 爾臣民《ナンジシンミン》 父母《フボ》ニ孝《コウ》ニ 兄弟《ケイテイ》ニ友《ユウ》ニ 夫婦相和《フウフアイワ》シ 朋友相信《ホウユウアイシン》シ《ジ》 恭倹己《キョウケンオノ》レヲ持《ジ》シ 博愛衆《ハクアイシュウ》ニ及《オヨ》ホ《ボ》シ 学《ガク》ヲ修《オサ》メ業《ギョウ》ヲ習《ナラ》ヒ《イ》 以《モッ》テ智能《チノウ》ヲ啓発《ケイハツ》シ 徳器《トッキ》ヲ成就《ジョウジュ》シ 進《ススン》テ《デ》公益《コウエキ》ヲ広《ヒロ》メ 世務《セイム》ヲ開《ヒラ》キ 常《ツネ》ニ国憲《コッケン》ヲ重《オモン》シ《ジ》 国法《コクホウ》ニ遵《シタガ》ヒ《イ》 一旦緩急《イッタンカンキュウ》アレハ《バ》 義勇公《ギユウコウ》ニ奉《ホウ》シ《ジ》 以《モッ》テ天壌無窮《テンジョウムキュウ》ノ皇運《コウウン》ヲ扶翼《フヨク》スヘ《ベ》シ 是《カク》ノ如《ゴト》キハ 独《ヒト》リ朕《チン》カ《ガ》忠良《チュウリョウ》ノ臣民《シンミン》タルノミナラス《ズ》 又以《マタモッ》テ爾祖先《ナンジソセン》ノ遺風《イフウ》ヲ顕彰《ケンショウ》スルニ足《タ》ラン 斯《コ》ノ道《ミチ》ハ実《ジツ》ニ我カ《ワガ》皇祖皇宗《コウソコウソウ》ノ遺訓《イクン》ニシテ 子孫臣民《シソンシンミン》ノ倶《トモ》ニ遵守《ジュンシュ》スヘ《ベ》キ所之《トコロコレ》ヲ古今《ココン》ニ通《ツウ》シ《ジ》テ謬《アヤマ》ラス《ズ》 之《コレ》ヲ中外《チュウガイ》ニ施《ホドコ》シテ悖《モト》ラス《ズ》 朕爾臣民《チンナンジシンミン》ト倶《トモ》ニ 拳拳服膺《ケンケンフクヨウ》シテ 咸其徳《ミナソノトク》ヲ一《イツ》ニセンコトヲ庶幾《コイネガ》フ《ウ》

明治二十三年十月三十日

御《ギョ》名《メイ》 御《ギョ》璽《ジ》

勅語の精神を私どもは復権しなければいけないと。私は貧乏剣士の家でございますから、床の間等はございませんが、床の間に相当する所に、教育勅語はちゃんと掲げてあります。毎日奉唱しております。脇には天皇皇后両陛下の写真をお飾り申しております。これが先ず第一。

二番目に国旗、国歌。私は祭日祝日に国旗を掲げることによって、「ああ、私は日本人だ」という自覚と誇りを、もう一遍取り戻さなくてはいけないと思うのです。祭日になりましても殆ど国旗は見ません。私の近所でも国旗は揚がらない。私の家だけ。或る時、私が明治節の時に国旗を揚げて二階の書斎で本を読んでおりました。家の前を国旗を振って自転車で行く人がいる。「これは変わった人がいるな。今日は祭日だからな」と下へ降りて参りました。ところが私の家の国旗が無くなっている。そういうこともございました。だからやはり思っているだけでは駄目なのです。

それから三番目に靖国神社の参拝です。私は三十数年来、八月十五日の正午、欠かさずお参りを致しております。三百万の英霊に「有難うございました」と、感謝の意味で毎年行っております。最近は、それに少しばかり考えが変わって参りました。どう変わったか

先祖を敬うことが国の発展となる（靖国神社拝殿）

と言いますと、せっかく皆様方が命を賭けて国を守って下さった、国の為に命を捧げられたのに何と今の日本のだらしなさと、「申し訳ございません」、そういう気持ちを込めて靖国神社へお参りを致します。参拝者は、段々段々増えてまいり大変嬉しいことだと思います。やはり頭で考えておるということだけでなく実行しなくてはいけない。七月のお盆には、みたま祭りが行なわれております。何方《どちら》でも構いません。普段でも構わないのです。どうぞ一つ、皆様方と一緒に靖国神社へお参りしようではございませんか。こういうことを忘れているから日本がこんなにだらしない国になってしまっているのです。必ず罰が当たります。この三つだけ是非ともお願い致します。私もずっと続けて参りましたけれども、気持ちで思っているだけでなくて、実際に皆が実行すればもう一寸しっかりした国になりはしないかと考えます。

一源三流

それから最後に、「一源三流」という言葉がございます。一源三流——一つの源から三つの流れがあると。一つの源というのは何かと言いますと、それは「まごころ」なのです。誠です。そこから三つの流れが出る。その三つの流れというものは、どんなものかというと、先ず第一に、国の為に血を流す。二番目に家の為に汗を流す。三番目に友の為に涙を流す。この三つが一源三流。

第一の国の為に血を流す、これは愛国心です。自分の国は、自分が守らなければ誰が守ってくれますか。今、日本にアメリカの軍人が、四万七千人駐留致しております。アメリカに守ってもらっているのです。外国の軍隊に守ってもらっているということは、日本が独立国ではないということです。半独立国。現状ではこれも致し方ないことかも分かりませんけれども、やはり、日本の国は日本人が守らなければいけないのではないかと思うのです。これは、最近読んだ書物に、戦争が起きた時に血を流して国を守る。そういう意識調査をしたらしい。どこで調査したか分りませんけれども、血を流して国を守るという人が、中国は93%、韓国は86%いたのです。日本は何と10・3%だというのです。国の為なんて考えている人が、これくらい少ないということなのです。だから、せめて「自分の国は自分たちで守る」というぐらいの気概を持って欲しいと思います。国民にそういう気概があれば、こんなにまで外国に嘗められることはないのではないですか。「どうもすいません。悪うございました」。謝れば済むと思っている。これでは独立国の沽券にかかわる。私はそう思っております。だから国民全体が、自分の国は自分で守るぞ、というぐらいの気概が欲しいのです。戦争は絶対やってはいけない。あんな悲惨なものはありませんから。絶対戦争が起きない為に、国民がそういう気概を持って欲しいと申し上げているのであります。

二番目に家の為に汗を流す。これは勤労精神。どうでございますか。

三番目に友の為に涙を流す。これは友情です。とくに剣道の場合は自分一人では出来ません。相手がいてはじめて出来るのです。相手から打たれるということは、自分に隙があるということなのです。負けるということは自分が悪いということなのです。修行が足らないからどこかに隙がある。「ほらお前は、此処に隙があるぞ」と教えてくれる。それだから打たれても「有難うございました」と言います。剣道の礼儀というものはそこから起こってくるのです。相手に感謝する、尊敬する。だからやはりそういうことで、私どもは友情というものもお互いに養っていかなければいけないわけでございます。難しいことです。友の為に涙を流す、ということは大変難しいことです。表面は涙を流していても内心どうだか、これは分かったものでは無い。それではいけないと思うのです。

道場訓・五戒

以上の意味も込めまして、私どもの尚武館道場では、日常の生活信条または道場訓と致しまして、五つのことを言っているのです。

先ず第一に嘘をついてはいけない。第二番目は怠けてはいけない。三番目はやりっぱなしにしてはいけない。四番目はわがままをしてはいけない。五番目に人に迷惑をかけてはいけない。この五つを稽古を始める前には、必ず御神前で礼拝をして、この五つを全部、私どもも一緒になって子供達と心の誓いに致しております。どの一つをとりましても、非常に難しいことなのです。だから毎日毎日、それを思い出すことによって、幾らかずつでも私どもの生活を立派なものにしていこうと、こういうふうに、子供達と今、一所懸命に努力をしているところでございます。

どうぞ、これからも尚武館道場の運営に当たりまして皆様方の絶大なるご支援を賜わりまして、私どもが念願致しておりますことがいくらかでも社会の為に、またはお国の為になれば大変幸いなことだと思っております。大変とりとめのない話を致しましたけれども、長時間にわたりましてご静聴賜わりましたこと、誠に有難うございます。丁度時間が参りましたので以上を以て、本日の話を終わりたいと思います。誠に有難うございました。

第二部◉口述録

剣の修行　心の修行

森島師範には乃木神社尚武館道場創設（昭和五十九年一月）以来、
ご指導いただいております。
この口述録は門人たちに訓育されたものを
各項目ごとにまとめたものです。

一、剣道がめざすもの

剣道は武道かスポーツか

よく剣道は武道であるか、或いはスポーツであるかと議論されるが、これはその人その人の考え方、物の見方によって違いがあるのではないかと考えられます。

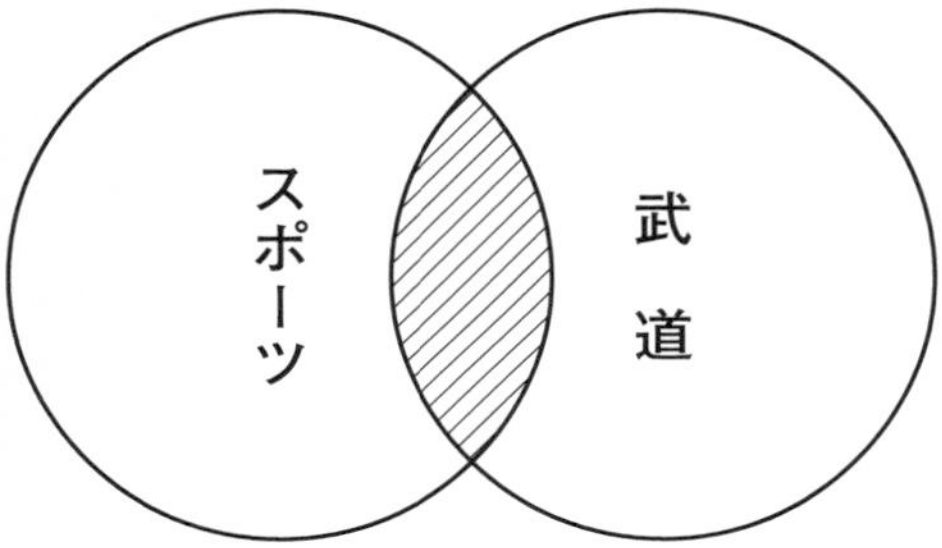

元来、武道とスポーツとは異質のものである。が、しかし、ここに書きました図の如く武道の中にもスポーツ的要素があり、またスポーツの中にも武道的要素はあり得るのです。

剣道具が考案されて競技形式になった時点で武道がスポーツ化したことは否定できないが、元々剣道は、刀剣を用いて、敵と格闘して相手を倒すことにその起源があり、我々の祖先が必死の努力と工夫をもって実生活の中で鍛錬し、それが長い歴史と伝統に育まれ、遂には、人間形成の道にまで昇華されてきたわけです。

剣道の本質は真剣勝負です。

竹刀を使ってその本質に迫ろうとするのが現代剣道であります。

ところが近年の剣道は試合試合で勝利至上主義。勿論勝負なしでは剣道は語れないが、真剣勝負としての精神が失なわれれば、それは単なるスポーツ剣道に終わってしまうし、また人間形成としての剣道があり得ません。

技術を正しく修錬することにより、心の修行が出来、人格も自ら形成される。そこに道としての剣道があるのです。

武道の中の剣道として、もう少し考えてみてはどうだろうか。

ただし、はき違えてはいけないことは、時代の流れによって変わって良い部分もある。が、しかし、絶対に変わっちゃいけない、変えてはならない部分もある。第一は、剣道は伝統として、生死の問題とのかかわりにおいて自己を創造するものであること。第二は、剣技の鍛錬は手段であって、目的は人間形成にあること。このところを指導者はよく考えていただきたい。

伊藤一刀斎景久先生

今から丁度四百年前、伊藤一刀斎景久という剣客がいました。今の一刀流の一大体系を創建した人です。その一刀斎先生が若いころ、何とか神様のご神意を得て、神諦を確信したい、新しい流派を開きたいということで、鶴岡八幡宮に七日七夜参籠を行なった。昔の武芸者は大抵、お宮に参籠して修行をしたものです。一刀斎先生は昼は技を練り、夜は一所懸命坐って、瞑想をして修行した。けれども、なかなか悟りが開けず、「駄目だ、帰ろう」と思ったそのとき、背後に怪しい黒い影を感じ咄嗟に切り付けました。その影は一刀斎先生を切ろうとした敵でした。その敵を一瞬の内に刀を抜いて切り倒した。まさに最後の最後で心気力の一致をみたのです。この心気力の一致で、一刀斎先生は鏡のような気持ちになり、悟りを開いたという伝説があります。

申すまでもなく剣道は、心身の鍛錬を通じて、立派な人間になるよう自分の人格を形成して、世の為に奉仕をすることが目的です。

それには名利にとらわれない修行をすることが大事で、一刀斎先生もまた執着の気持ちが消えたからこそ剣の極意を悟れたということを、この話は教えています。

剣の心と道場訓

昔から剣道の道場には神様がお祀りしてありました。道場に入ったら何時でも神様と同じ気持ちになるために、つまり神様と一緒に稽古をするんだという、そういう意味で道場には神様が祀られてあるのです。神様の心というのは「明き・浄き・正しき・直き心」これを一つに纏《まと》めると〝真心〟です。誠、真心。これが神様の心。それと同時に剣の心でもあります。技だけ練っていても、剣道が立派になりませんし、強くもなれない。技の稽古と一緒に、何時でも素直な気持ちになれないと剣道が上達しないし、人間的にも立派になれない。たとえ道場に神様が祀られていなくても、そういうふうに修行してもらいたいと思います。

また、道場には神様が祀られていると同時に道場訓というものがある。何々をしましょう、勉強しましょう、親孝行しましょう。というようなものを道場訓といいます。次にこの乃木神社の尚武館道場の道場訓を皆さんに紹介します。

五戒（五つのいましめ）
一、嘘をついてはいけない
二、怠けてはいけない
三、やりっぱなしにしてはいけない
四、わがままをしてはいけない
五、人に迷惑をかけてはいけない

どうでしょうか、みんな簡単なようで難しいですね。毎日毎日「ああ、今日は一日どうだったろう。この五つに悖《もと》るようなことをしなかっただろうか」ということを確認して自分の心を正していくようにする。これを道場だけでなく、学校でも家でも良く出来るようになれば、人間的に立派になったということです。剣道をやる皆さんは実行してください。

無財の七施

一、眼施（がんせ）
二、和顔施（わがんせ）
三、言辞施（げんじせ）
四、心施（しんせ）
五、身施（しんせ）
六、牀座施（しょうざせ）
七、房舎施（ぼうしゃせ）

この七施を全部実行することは、大変難しいし、今の君達には出来ないこともあるが、何もお金をかけなくても出来る「施し」であるので、是非覚えておいていただきたい。

そこで、実行出来るものから説明します。

先ず「身施」。これは、身の施しである。例えば、道に落ちているゴミや空き缶等を拾い、ごみ箱に捨てること。これなら今直ぐにだって出来る。ここで大事なことは、「今度からしよう」とか、「後にしよう」と思わない。言われたことや良いことは、直ぐに実行する。また、人が見ているとか、これをすると褒められるから良い行ないをするのではなく、そんな見返りを考えずに人の見ていない所でも、すすんで良い行ないが出来る人間になろう。それが、「五戒」を守ることにもつながるので、今直ぐ実行しよう。

次は「心施」。赤ん坊を見て、可愛いと思うことが誰にでもあるでしょう。それが、心の施しで、優しい気持ちで、皆に恵みを与える人間になってください。そして、この心の施しが出来る人は眼施すなわち眼の施し、和顔施すなわち顔の施し、言辞施すなわち言葉の施しが自然と出来る人です。つまり、思いやりの心、優しい心を持っている人は優しい目つき、柔和な顔つき、良い言葉つきが自然と出来る人です。逆に、目つきの悪い人、言葉遣いの悪い人等は心の中に賤しいことがある人です。そして、「牀座施」。これは、電車やバス等でお年寄りや、体の不自由な人に席を譲ることです。最後に「房舎施」。これは君達にはまだ出来ないことだが、家に人を泊めてやること。

お金や物を施すことが出来ない君達は、この無財の七施は出来るので、少しでも、これを実行して立派な人間になってください。

山岡鉄舟先生　修身二十則

一、嘘言うべからず候
二、君の御恩は忘るべからず候
三、父母の御恩は忘るべからず候
四、師の御恩は忘るべからず候
五、人の御恩は忘るべからず候
六、神仏並に長者を粗末にすべからず候
七、幼者をあなどるべからず候
八、己に心よからざることは他人に求むべからず候
九、腹を立つるは道にあらず候

十、何事も不幸を喜ぶべからず候
十一、力に及ぶ限りは善き方につくすべく候
十二、他を顧みずして自分の善き事ばかりすべからず候
十三、食するたびに稼穡《かしょく》の艱難を思うべし。すべて草木土石にても粗末にすべからず候
十四、殊更に着物をかざり或はうわべをつくろうものは心に濁りのあるものと心得べく候
十五、礼儀を乱るべからず候
十六、何時何人に接するも客人に接するように心得べく候
十七、己の知らざる事は何人にてもならうべく候
十八、名利のために学問技芸すべからず候
十九、人にはすべて能不能あり、いちがいに人をすて或はわらうべからず候
二十、己の善行を誇り顔に人に知らしむべからず、すべて我心に恥じざるに務むべく候

嘉永三年庚戌正月行年十五歳の春謹記　小野　鉄太郎

山岡鉄舟先生は、幕末の剣道の達人で禅も修行された。幕末の三舟（勝海舟・高橋泥舟・

山岡鉄舟）の一人で、この修身二十則は十五歳の時に誓いをたてられたものです。

これも、心がけ次第で直ぐに実行できることですので、すすんでやりましょう。

大まかに解説すると、一は嘘をついてはいけない。これはもう分かっていることですね。二から五は、人間は恩を忘れてはいけないということです。君達がいま出来ることは、一所懸命勉強をし、剣道をして親孝行をすることです。六は、神様、仏様、年上の人を粗末にしてはいけないということ。七は、幼い人をみさげたり、馬鹿にしてはいけないということです。八は、自分に良くないことは、他人にも同じことで、そういうことを求めてはいけない。九は、怒ることは道理から外れている。十は、人の不幸を喜んではいけません。十一は、力の限り良いことをすること。十二は、他の事を考えず、自分の好き勝手をしてはならない。十三は、食事をするたびに、お百姓さんの苦労を思い、草木土石全ての物を粗末にしてはいけません。十四は、質素倹約、華美にならないこと。自分に相応しい服装をすることで、表面だけを作ってはならない。その中にある心が大事で、心の乱れは服装に表われます。十五は、礼儀正しくすることです。十六は、茶道の世界に一期一会《いちごいちえ》という言葉がありますが、相手に礼を尽くし、一生に一度の参会と心得る茶人たちが互いに誠意をもって、永遠の離別になろうとも悔いを残さないように真心の限りを尽くすという精神です。この精神でどのような人と接する時でもお客さんと接する時のようにしなさい、ということです。十七は、自分の知らないことはどんな人（例えば後輩）でも恥ずかしがらず習うようにしなさいということです。十八は、自分が有名になりたいとか、或いは利益の為に勉強や剣道をしてはいけないということです。十九は、人間には器用不器用、得手不得手がありますから、そういう人を笑ったりしてはいけないということ。二十は、良い行ないをしても自慢してはならず、また自分の心に恥じない行動をするようつとめなさいということです。

人に尽くす心

一源三流

一源とは、まごころ

三流とは、国の為に血を流す

家の為に汗を流す
友の為に涙を流す

一源とは、「まごころ」のことです。神様のような心、赤子のような穢《けが》れのない心を言い、これが人の源です。

明治天皇の御製に

さしのぼる朝日のごとくさわやかに
もたまほしきはこころなりけり

この御製のような気持ちがまごころです。

次に三流とは、その「まごころ」からどういう流れ方をするか、ということです。

第一には、国の為に血を流す。この覚悟です。戦争は勿論いけないことですが、教育勅語の中にあるように「一旦緩急アレハ義勇公ニ奉シ……」この精神です。国の為、お父さん、お母さん、愛する人の為に、自らの命を投げ出して人の為に尽くす。これは何も戦争の時に限らず、地震等の天災や火事の時、皆で助け合ったり援助をすることもそうです。長崎県雲仙の普賢岳が噴火して多くの人が亡くなりましたが、遠くの所で起こったことだから、僕達には、自分には関係ないことと思わず、共に悲しみ、何か出来ることはないかと思わなければいけません。例えば募金に協力する。一回ジュースを買うのをやめて百円募金することは出来る。金額の問題ではなく、人を助けようという気持ちになることが大事なんです。また、こういう天災は自然現象で人間ではどうすることも出来ないが、交通事故や火事は人災。注意すれば避けることが出来るので何時も隙のない行動を取ること。

同じく教育勅語の中に「父母ニ孝ニ兄弟ニ友ニ夫婦相和シ朋友相信シ恭倹己ヲ持シ博愛衆ニ及ホシ……」というところがあります。これもまた、敬う心、謹む心、そして広く平等に愛するという国民道徳の要旨を示したものであるが、「武士道」にも同様のことが言えます。自分の身をなげうってでも人を助ける、親切にするというのが武士道なのです。しかし、現在この気持ちが少しずつ失われつつある。今一度見直してみよう、剣道精神とは「人に親切を尽くす心なり」であるということを。

次は、家の為に汗を流す。今の人は、欲とか利益の為ばかりで働いています。そういうことに捉われず、一所懸命汗を流して働くということです。君達は家の為に、お父さん、お母さんのお手伝いをするということです。「一日作《な》さざれば、一日食らわず」の教えがあるが、君達は学生ですから、「一日勉強せざれば、一日食らわず」という気持ちをもってください。

そして最後は、友の為に涙を流す。この意味は、人が悲しんでいる時は、共に悲しむということです。そして、ここで大事なことは、人が嬉しい時に本当に自分も喜べるかということです。人が悲しんでいる時は、その人を悼《いた》み同じ気持ちになることは比較的簡単に出来ますが、他人が一等賞を貰ったり、自分より先に段が上がったり、先生に褒められた時、君達はその人と同じ気持ちで喜べますか。「あの人はいいなあ」「どうしてあの人ばかり」等という妬《ねた》む気持ちが先に立たないだろうか。そういう狭い心では駄目です。本当の友達ではない。いつでも心の底から喜び、共に嬉し涙を流す。これが真の友情というものです。

健康な人になる

これは、剣道の稽古をして強い体をつくるということです。いくら勉強が出来ても、その基《もと》になる身体が弱いと駄目です。今、一所懸命稽古をして強い体をつくり、夏は体が真っ黒になるくらい外で遊ぶ。そうすると自然に体が強くなり、冬になっても風邪をひきません。また、乾布摩擦や冷水摩擦で肌を鍛えてもいい。肌が強くなるとやはり体も丈夫になる。そして、勿論稽古や遊びばかりだけでなく、勉強もしなければなりません。文武両道、文武両全です。

食事は、好き嫌いをしないでいただく。君達は魚が嫌いだからと言って肉ばかり食べていないですか。立派に成長していくには好き嫌いをせず何でも食べることだ。そして、食べる時には、よく噛んで食べること。また、腹一杯食べるのは良くない。腹八分目にしておくと丁度良い。

お米や野菜などは、お百姓さんが一所懸命汗水たらして作ってくれたもので、それをお母さんが料理して我々はおいしく食べることが出来る。だから感謝していただかなければならない。これが大事なことです。

よく稽古し、よく遊び、よく食べて体が強くなっても、喧嘩・いじめを決してしてはならない。本当に強い人はそういうことをしないし、いじめられている人を自分一人になっても助けるものです。そこで剣の達人、塚原卜伝先生の無手勝流のお話を紹介します。

卜伝先生が江州矢走の渡しから船に乗ると、天下無敵の兵法者であると自慢げに話をする者がいた。その者が卜伝先生に何流かと聞いてきた。卜伝先生は私は無手勝流であると答えられた。そうすると、「無手勝流と言うのなら刀はいるまい。その腰の二刀はなんだ」と聞いてきた。卜伝先生は「これは以心伝心の二刀で一刀は高慢の鼻を切り、一刀は悪念の芽を断つ為だ」と答えた。その者はカチンときて試合をしようと言った。卜伝先生は「船の上では人に迷惑がかかるので唐崎の向こうの離れ島でやろう」と答えた。島に着く前にその者が飛び降りたが、卜伝先生は両刀を船頭に預け、棹《さお》を押して沖へ出た。そうして、卜伝先生はこれが〝無手勝流〟だと言った、という。本当に強い人は無駄な血は流さないし、無意味な勝負はしない、という教えです。

立派な人になる

立派な人になるためには、先ずすすんで良いことをする。これはどういうことかと言うと、例えば、電車の中で席を譲る。簡単なことだがこれもなかなか出来ないことです。君達は若いし、自分を鍛えるためにも電車やバスに乗ってもなるべく座らないようにする。席を譲るということで良いお話がある。先日、盛岡で七段の全国大会がありました。ここの道場の梯先生も出場され、大変立派な試合をされた。その試合の後、私と一緒に東京へ帰ることになりましたが、予約をしていた新幹線の時間より早く駅に着いたので、一本前の新幹線に乗った。その電車は満員だったが運良く座ることが出来た。すると、次の駅でちっちゃな子供を連れたお母さんが乗ってきた。梯先生は試合で非常に疲れていたと思うが、何のためらいもなくサッと立って席を譲った、この精神、この行動力だ。君達も「正しいと思ったことは、即実行」。今度からしようとか、明日からしようでは駄目。すぐに実行しよう。

次に人の嫌がることをすすんでやる。例えば、道に落ちている空き缶拾いや汚れているお手洗い等の掃除です。ここで大事なことは、それをすると褒められるからという欲を捨ててやることです。

「奪い合うと足りなくなるけど
　分け合うと余っちゃうんだなぁ」

我々は一人では生きていけない。そこで大事なのが、「奪い合うと足りなくなるけど、分け合うと余っちゃうんだなぁ」という思いやりの精神。

ここにミカンが沢山入った籠《かご》があります。このミカンをいただくとき、皆は先ずどれがおいしいかなぁと思って、見たり触ったりして選んで食べていないかな？　誰でも美味しい物を食べたいに決まっている。でも、そういう時は籠が回ってきた順に上の方から一つずついただく。そして、余ったらもう一回り出来る。

正々堂々と生きる

先日（平成元年二月三日午前四時）東郷神社が爆破されました。悪いことをする者は覆面をしてコソコソやる。堂々と出来ないことは悪いことだから君達は絶対に真似をしてはいけない。少年院の先生の話によると、少年院に入ってくる子は皆、姿勢が悪いそうだ。これは心と体が一つであるからで、心が歪《ゆが》んでいると姿勢も知らないうちに歪んでいくのです。その逆も言えます。みんなは、丹田呼吸をして姿勢を正しくし、堂々と生きるよう心掛けてください。

人間の心の中には、「悪い心」と「良い心」が一緒に住んでいます。剣道の稽古を怠けて家でテレビゲームをしたいなと思うのは「悪い心」です。怠けずに稽古をするのは「良い心」です。どんな人でもこの二つの心を持ち合わせていますが、「良い心」が強くて大きければ、「悪い心」はなくなります。また、その逆もある。『五戒』を守るよう頑張れば、悪い心に克てます。

礼儀

礼は心、感謝です。どんな時でも、また誰に対しても感謝する気持ちを忘れてはいけません。剣道で相手に打たれるということは、そこに隙があると教えてくれることなのです。だから剣道は打たれても感謝の礼を表わします。

儀は形、挨拶、お辞儀のことで、「お願いします」「有難うございます」というように、感謝の気持ち、尊敬の気持ちを形に表わさなければいけません。〝心と形〟――。これが礼儀です。さらに分かりやすく言うと、服装を正す、言葉を正す、挨拶をする、約束を守るということです。

心と形

服装を正すということ。これは何も立派なもの、高価な物を着る、或いは身に着けるということではない。ボタンをきちんと止め、破れた所は繕《つくろ》い、清潔な物を身に着けるということです。そして、大事なのはその場その場にあった服装をすることが大切です。勿論、道場に入る前にコート、ジャンパー等は脱がなければなりません。指導者は特に道場に行くときは背広で行った方が良い。せっかく稽古に行っても、だらしない恰好ではかえって品を落とします。

言葉を正すということ、今の時代の若い人の多くは敬語を使わないし知らない。先生とお話をするときでも友達と話しているような言葉遣いの人が目立ちます。目上の人には、必ず敬語を使うようにします。

挨拶をするということ。恥ずかしいから、ばつが悪いからといって、小さな声で挨拶しては駄目。大きな声ではっきりと挨拶をする。朝起きたら、「おはようございます」。ご飯をいただく時は、「いただきます」。食べ終わったら、「ご馳走さまでした」。学校に行くときは、「行ってきます」。昼は、「こんにちは」。家に帰ったら、「ただいま」。寝る時は、「おやすみなさい」。挨拶は日常生活の基本ですから、道場の先生だけでなく、お父さん、お母さんには勿論、誰にでも挨拶することです。

約束を守るということ。最近、稽古の時間に遅れてくる者が多い。塾や何かでどうしても遅れる者は前もって先生に届けること。そうでない人は時間を守る。それが信用であり、礼儀である。最初から守れない約束は絶対にしない。一旦約束をしたら絶対守らなければなりません。

三つの礼

三つの礼とは、神前への礼、師への礼、お互いの礼のことです。

神前への礼。神社には、手水舎（手を洗い、口を漱《すす》ぐ所）があります。乃木神社の手水舎には「洗心」という文字が書かれています。手水舎の水は、この文字のように心も洗うという意味も含まれています。そして清々しい気持ちになって鳥居の前で一礼して、純粋な気持ちで感謝の意を表わし、乃木将軍のような立派な人間になるよう努力しましょう。また、常に神様は我々のことを見ておられ、守ってくださっている。だから常に神様に恥じない行動をとること。剣道でいうとごまかしのない正しい技を遣うこと。純粋な心になるということで、この神前の礼が一番大事です。

ここで神様のような心、純粋な心という話が出ましたから、宮本武蔵先生のお話をします。武蔵先生は何時も汚い着物を着て風呂にも入らなかったそうです。そこで弟子たちが、先生はどうしてお風呂に入らないんですか、と尋ねた。すると武蔵先生は、「体の垢は桶一杯の水でとることが出来るが、心に付いた垢はなかなか落ちない。心の垢を落とすのが精一杯で、体の垢を落とす暇がない」と言われたそうだ。君達も心に垢が溜まらないように心掛けよう。

師への礼。剣道の先生は、君達が強くなってほしいからどんどん面を打たせてくれます。自らの体を使って先生方は一所懸命指導してくれます。他のことではそういうことはないでしょう。だから遠慮しなくていいからどんどん掛かることです。ただし、先生に対する礼を忘れてはなりません。感謝の気持ちが礼です。

お互いの礼。素振りは一人で出来ますが、剣道は本来、相手の面を打ったり、打たれたりしながら覚えていくものです。打った打たれたりの中で礼がないと喧嘩と同じになってしまいます。だから互いを敬うお互いの礼を怠ってはいけません。

明治天皇御製に

もろともに助けかわしてむつびあう
友ぞ世に立つ力なるべき

という御製があります。

この御製は、〝正しく・楽しく・仲良く〟ということをお歌いになられたものです。言葉を換えると「切磋琢磨」ということです。お互いに励まし合って上手になりましょう、という意味です。

道場とは

道場という言葉はもともと仏教用語です。昔、お坊さんが仏様のようになるために一所懸命修行した所です。それが、何時のころからか剣道や柔道等の武道の稽古をする所も道場というようになりました。その道場には必ずと言っていいほど、神棚が祀られています。

これは、神様が常にご覧になっているので厳粛な気持ちを持つことと、神様に恥じない正しい技や行動をとることです。

親孝行について

昔、猟師が猿を撃って家に吊るしていた。その猿の子供が親猿を思い、毎晩猟師が寝静まったころ、その猟師の家にやって来ては、吊るされた親猿を温めていたという話があります。「孝は百行の本」といって、動物だってそうなのだから人間はそれ以上の孝行をしなければなりません。君達が今できる孝行は、一所懸命勉強し、剣道をして元気に生きることです。

次に、勇敢なる雀の話を紹介しましょう。

ある人が猟に出掛けました。その帰り道、連れていた猟犬が何を見つけたのか、突然森の中へ向かって走りだしました。犬は、獲物を嗅ぎつけた時のようにうずくまりながら、いかにも用心深く忍んでいきました。その飼い主は、不思議に思って近寄ってみると、路上にはまだ嘴《くちばし》の黄色い可愛い雀の子が、バタバタと小さい羽根を羽ばたかせているのでした。おそらく、風に揺られて枝から落ちたのでしょう。これを見つけた犬は、今にもその子雀をくわえようとしています。すると、何処からともなく親雀が飛んできて、まるで誰かが小石でも投げたかのように、犬の口先へ落ちていったのです。この勢いに流石の犬も驚いて後へ退くと、親雀はまた元のように飛び去る。しかし、また犬がくわえようとすると再び飛び掛かっていくのです。こうして母親の雀は幾度も幾度も必死になって子雀をかばいましたが、しまいには可哀相に飛び上がる力もなくなって、子雀の上に折り重なって死んでしまったそうです。

親雀は、自分の命を忘れて、必死の覚悟をもって勇敢に戦ったのです。しかもなお、死んでからも子雀をとられまいとして、親雀は子雀の上に倒れてかばったのです。お父さん、お母さんは、この話のように子供のことを思ってくれています。君達もこのことを良く考えて親孝行をしましょう。

剣道精神

よく世間で「剣道精神で行なえ」と言われるが、その剣道精神を表にしてみると次のようになります。

剣道精神
↓
誠意と闘志
礼　儀
信　義
克己心
人の和

剣道精神とは、「誠意と闘志」です。誠意とは「まごころ」です。和の心です。神道では、「明き・浄き・正しき・直き心」と言われています。また、仏教では「慈悲」、いつくしみの心です。人に親切にしてやる心。これはお父さんやお母さんの心です。お父さん、お母さんは君達が立派に育つように、身を惜しまず働いてくれる。育てることで何の見返りも考えていません。君達も人に親切にしてやる心を持ち、そして、親切にしたからといって

見返りを求めてはいけません。

次に闘志とは「なにくそっ」という心です。闘志というものは人に向けたらいけません。自分に向けるものです。今日暑いから稽古を休もうとか、切り返しがつらいから少し手を抜こう、とか、そういうことを克服する心です。困難に打ち克つ心です。我慢する心にも通じます。

そして、次の四つのことを実行する。

一、礼儀　礼とは敬う気持ち。儀とはそれを形に表わす。「おはようございます」と言って、お辞儀をする。これが礼儀です。
一、信義　約束を守って義務を果たすこと。誰とでも仲良くすること。
一、克己心　「なにくそっ」と、自分に克つこと。
一、人の和　世界には約五十七億という人がいるが、誰一人だって自分一人で生きている人はいません。誰かのお世話になっている。人という字は「ノと、」つまり人と人が寄り添って出来た文字なのです。剣道でいえば打たれたからといって、怒ってはいけない。自分に「隙」があることを教えてもらったのだから、打たれても「有難うございました」という気持ちを持つことです。誰とでも仲良くすることです。

また、次の三敬愛という気持ちも剣道精神と相通じますから、覚えておきましょう。

一、親を大切にしよう
一、恩人を大切にしよう
一、先輩を大切にしよう

二、剣道上達の秘訣

三磨の位

剣道上達の三要素は、⑴先生の教えを守る、⑵工夫する、⑶努力するです。

これは、柳生流の「三磨《さんま》の位《くらい》」の教えです。ここに示した図でもわかるように一つの円の中に「習い・稽古・工夫」の三点を劃《かく》して三磨といいます。

そこで大事になるのが先生です。古来より、「三年かかってもよいから正師、良い先生を選べ」と言われていますし、道元禅師は、「正師を得なければ学ばざるにしかず」と言っておられます。すなわち、良師に就くことが剣道上達の第一で、自己流ではいけないということです。何事も基礎、基本が大切だからです。初心のうちにいい加減な

間違った指導をする先生について習うと悪い癖がついて、一生直りません。また、先生の正しい教えをいい加減に聞いていても悪い癖がつきます。今のうちに悪い癖を直すように努めましょう。

次に、立派な先生に就いたならば、その先生に習ったことを鵜呑みにせず、自分なりに、よくよく工夫してみることです。その上で、実際に稽古を積み重ねていく。

この三つの点はどこからどこまでが習いか、どこからどこまでが稽古か、どこからどこまでが工夫か、それぞれの境がなく、循環して端無きものとして出精せよとの教えであります。

そして、この三磨の位は「守・破・離」という言葉にもつながります。

「守」とは、先生の教えをよく守ること。そこで守るとは何か？　これは型を守ることで決まったことを守ることです。型にはめるということです。「最初はこういうことをやりなさい」と、それを守る。それ以外のことをやってはいけません。

ここに五百円硬貨があります。大蔵省の造幣局が造っていますが、これも型にはめて決まった通りに造っています。一寸でも違えば、これは偽物。それと同じことで決まった通りにやる。それが基本、基礎というものです。「破」とは、守の段階を乗り越えて更に工夫を重ね、新しい技を取り入れること。「離」とは、その上で自分で流儀を編み出すこと。君達は今、最初の「守」の段階ですから先生の教えを良く聞いて、良く守ることを心掛ける。

持田盛二先生遺訓

持田盛二先生（範士十段）は、八十四歳まで稽古をされましたが、それは基礎をしっかりつくられていたからです。持田先生の遺訓にそれが書かれてありますので紹介します。

剣道は、五十歳までは基礎を一所懸命勉強して、自分のものにしなくてはならない。普通基礎というと、初心者のうちに修得してしまったと思っているが、これは大変な間違いであって、そのため基礎を頭の中にしまい込んだままの人が非常に多い。

私は剣道の基礎を身体で覚えるのに五十年かかった。

私の剣道は五十を過ぎてから本当の修行に入った。心で剣道しようとしたからである。

六十歳になると足腰が弱くなる。この弱さを補うのは心である。心を働かして弱点を強くするように努めた。

七十歳になると身体全体が弱くなる。こんどは心を動かさない修行をした。心が動かなくなれば、相手の心がこちらの鏡に映ってくる。心を静かに動かされないよう努めた。

八十歳になると心は動かなくなった。だが時々雑念が入る。心の中に雑念を入れないように修行している。

このように、持田先生みたいな立派な先生でも五十歳までかかって基礎をつくられている。それほど基礎が大事なのです。

人並みならば人並みの人

人並みのことだけやっても、人並みにしかなれないということです。他の人の二倍も三倍もやってこそ、それで丁度人並みだと思います。

稽古だって同じことです。みんな強くなろう、上手になろうと思っているでしょう。そうなると、人並みのことをやったって、人には勝てません。人より強くなろうと思えば、他の人の三倍も五倍もやらなければならない。人が一回やったら十回やるというくらい稽古をしなければならないのです。だから、先生方に稽古をお願いする時、真っ先に飛んで行ってやる。それぐらい積極性がないと駄目です。

それともう一つは、陰で努力することです。例えば素振りは一人で出来ます。稽古は一人では出来ませんが、素振りならば一人で出来る。みんなと道場でやるだけでは、人よりも立派になれないし、人よりも強くはなれない。やろうと思えば出来る。素振り百回が何分かかりますか。素振り千回が何分かかりますか。そんなに時間はかかりはしない。やろうと思えば出来るのです。やろうと思わなければ、何も出来ない。やろうと思ったら今直ぐ実行する。それくらいの意志がなければ、強くはなれません。

人並みならば人並みの人――これをよく覚えておいてください。

発憤と継続

孔子の言葉に「憤りを発して食を忘れる」という教えがあります。

これは、「なにくそっ」とか「もっと強くなるぞ」という気持ちで、発憤といいます。

君達は病気でも何でもないのに友達が休むからといって、一緒になって休んではいないか。そんな時は一緒に休むのではなく、「なにくそっ」と発憤して、一人になっても稽古に出る。

「継続は力なり」です。

こういう話もある。昔、大変もの覚えの悪いお坊さんがいました。お師匠さんからいくら教えてもらってもなかなか出来ない、悟れないので、僧侶をやめてお寺を出ようとしました。その時です。軒下の石が屋根から滴《したた》り落ちる雨の雫《しずく》によって窪《くぼ》んでいるのを見て、「これだ！」と思った。雨の雫でも何十年ものあいだ落ち続けることによって、とても硬い石をも窪ますことが出来るのだ。何事も途中で投げ出さずにコツコツと続けることが大切だということに気付いたのです。その後そのお坊さんは立派な僧侶になったそうです。「継続は力なり」です。剣道に限らず一度始めたことは諦めず最後までやりとげましょう。

病気や怪我をしたときは、休んで早く治すように心がけ、「このままで済むものか」という気持ちを持って治療に専念する。皆は稽古しているが、ここで焦らず、「自分は精神を鍛えるんだ」という気持ちを持つことです。また、こういう時は、丁度良い機会だから本を読むのも良いでしょう。

それと病気や怪我の時は、見取り稽古をする。ただ人の稽古をぼーッと見ているのではなく、真剣に見学をし、人の良いところは自分のものにする。悪いところは「人の振り見て我が振り直せ」の精神です。

自分の心に克つ

手を組んで両手の人指し指だけを伸ばしてごらんなさい。そして、心の中で「くっつく、くっつく」と思い続けてごらん。するとどうだ、指がくっつくだろう。それほど心と体は一体で、心に左右されやすい。寒い寒いと思えば寒くなり、恐い恐いと思えば体が硬くなる。試合の時も相手が強そうだと思えば、相手に呑まれてしまう。稽古の時だって同じこと。きついきついと思うと本当にきつくなる。いつでも「なにくそっ」という気持ちで頑張り、自分の心に克つことです。

そして何をするにも集中力が大切です。静坐をする時は静坐に、剣道する時は剣道に、勉強する時は勉強に集中する。目に見えたら見えたまま、耳に聞こえたら聞こえたまま、外の現象に心をとらわれないことが大切です。その集中力が試合でも役に立つし、日常生活でも役に立ちます。

指導者としての要件

指導者としての要件を挙げておきましょう。

⑴剣道の指導者である前に立派な社会人であること
⑵剣道技術に精通していること
⑶信念と愛情をもって指導をすること
⑷師弟同行の精神で指導をすること
⑸人生一貫の教育をすること
⑹基本訓練に重点をおいて指導をすること
⑺能率的な指導法の研究をすること
⑻審判に熟達すること
⑼意欲をもたせること
⑽危険予防を怠らないこと

三、静坐のすすめ

正坐と静坐

正坐とは、正しく坐ること。両手は両膝の上にハの字におく。一方、静坐は正しく坐って印を組む。

剣道では静坐を用います。坐るときは「黙想」とは言わず、「静坐」と言います。

静坐の要点を整理してここに書いてみましょう。

一、姿勢を整える
二、呼吸を整える　｝この三つが一つになる
三、心を整える

心身一如
＝
浩然の気

＝これに竹刀を持つと構えになる

静坐の姿勢

足の両拇指を少し深めに合わせて重ねます。この場合、足はどちらが上でも構わない。但し、あまり深く重ねると、足が痺《しび》れやすい。逆にあまり浅いと両方の踵の内にお尻が落ち、姿勢が悪くなります。足の踵が両尻の真ん中にくるくらいに坐ると良い。

両膝の間隔は二握りくらい、約二十センチとする。一握りは概ね十センチです。但し、体の小さい人は一握り半。女性は閉じます。

このように坐ったら、背筋を真っ直ぐ伸ばしたまま、体を約四十五度前に倒し、お尻を深くし、そのままの形にて体を起こしましょう。そして、肛門を締めると腰がキリッとします。

両手が両股のつけ根にハの字になるのが正坐で、静坐は右手が下、左手を上とし、体になるべく近く、両拇指が合わさったところがお臍《へそ》の前にくるようにし、指が前に倒れることのないように上に向けて印を組みます。

耳と肩の線、また鼻と臍の線が一直線になるようにすると姿勢が良くなります。

肩の力を抜くということは、即ち鳩尾《みずおち》の力を抜くということで、ここに力が入っていては駄目です。稽古の時でも上半身に力が入ると良い技は出せません。下半身に力を入れることが大切で、これを上虚下実と言います。それには肛門を閉めることです。

目を瞑《つむ》ることなく、半眼《はんがん》で約一メートル先の床を見る。瞑ると雑念が湧きやすい。この場合、背中は倒さず、自然と視線だけを落とします。

舌が動くと心が動くと言われています。剣道では心が動くと打たれるが、下の顎を上の顎につけて、舌の先で上の歯茎を押し上げるようにして、歯を軽く噛みます。

静坐の呼吸

吸う時は虚、隙が生じる。吐く時は実、充実している。虚は短い方が良く、実は長い方が良い。だから長呼気丹田呼吸を行なうのです。やり方としては吐く息から始めると良く、吐く息は細く長く、ゆっくりと。吸う時は早く。あくまでも胸だけで呼吸をしないこと。このように呼吸を整えると気持ちが落ち着きます。

最初は一分間に十五、六回を七、八回にし、最後は一分間に一回くらいまで出来るようになります。

静坐の心

心は無心となるのが良いものの、これはなかなか出来ません。その方法として、息を数える（数息観《すうそくかん》）ことに集中します。

本来は、一から百まで数えるが、君達は一から十までで良い。それを繰り返す。一から十を数える間に、「今日の晩ごはんのおかずは何かなぁ」「足が痺れるなぁ」こういうことが頭に浮かんだら、それは雑念。雑念が起きたら、また一から数える。

剣道では技も勿論大事だけれども、「相手が打ってきたらどうしようかな」「強そうだな。

勝てるかな」と、このように色々と考えると技は出ません。そして、それが隙になる。何も考えないで技がパッと出る。その時、技と心が一つになっているのです。

長呼気丹田呼吸の体得法

長呼気丹田呼吸（腹式）呼吸は、慣れないとなかなか出来ない。そこで一つ良い方法があるので紹介しましょう。

朝起きたら布団の上に仰向けになり、両足を揃える。なるべく枕は低く、あるいは無くても良い。そして掌《てのひら》を上に向けて、力を抜いてながく寝る。そうすると深呼吸が非常にやりやすい。うーんと息を吐いて吸う。

それも出来ない人は、お臍から五センチくらいの所に手を軽く乗せる。「ああ、ここだ。ここで呼吸するんだなあ」と思い、それを毎日する。それが出来るようになったら静坐をしてごらんなさい。

四、稽古の法則

なんのために稽古するか

剣道は竹刀を持って、約束された部位を打突して勝敗を争うものでありますが、本来は日本刀を使用して真剣勝負に勝つための訓練でした。従って、時代が変遷してスポーツ形式で行なうようになった現在でも、剣道が真剣勝負の訓練としての精神を忘れては、その意義を失ってしまいます。

剣道の理念でいうところの〝剣の理法の修錬〟が剣道の原理であることを忘れてはなりません。剣の理法の実践によってこそ、剣道の究極の目的である人間形成に到達することが可能なのです。

真剣勝負においては初太刀の一撃に生命を賭ける。一刀で相手を倒すか倒されるか、その生死の境こそ、事理一致の工夫と鍛錬によって会得されるべきところなのです。

持田盛二先生は八十四歳まで稽古をされましたが、稽古をされたというだけでなく、壮者も打ち込めぬくらい強かった。ある高段者の先生が「持田先生はみんなの技を知っておられるから打ち込めない」と言うと、先生は「いやいやそうではないよ。みんなが私の前に立つと、みんなの気持ちが映るんだよ」と言われました。先生の心は磨き上げられた鏡の如くでありました。来れば映じ去れば消える無心の境地であればこそ、相手の気持ちがそのまま先生の心に映ずるのです。

まさに名人の境地であり、修行者の範とすべきところです。

事理一致というか、心身一如というか、艱難辛苦《かんなんしんく》の修行によって到達された境地でありましょう。極限的状況の中にあっても曇ることのない明鏡の心が、我々の求める心でなければなりません。

稽古の目的は、基本動作及び応用動作において習得した技術を活用してこれに習熟し、相手の動作を察知して技を施す能力を養成し、試合において勝利を得るための要領を会得せしめるものです。

如何に天才的な人でも、その名声の裏には血の滲むような稽古を積んでいるのです。稽古を積むことによって、正確な技術を会得し、体力を増進させ、胆力を練り、心身一如の妙境を体得出来る、そしてその修錬によって自己の人格を向上させていく、という本質を持っていることも忘れてはならず、それにはいつでも一本勝負の気持ちで、稽古しなければなりません。

稽古の方法

これからお話することを皆さんに理解していただくために、稽古の方法を分類して書いてみましょう。

基礎訓練（技をつくる）

- (1)基本稽古
  - イ、基本動作
  - ロ、応用動作
- (2)打ち込み稽古
- (3)切り返し
- (4)掛り稽古

応用稽古（技を施す）

- (5)地　稽　古
  - イ、引き立て稽古
  - ロ、互格稽古
- (6)試合稽古

基本稽古は、稽古の土台となるものですから、最も合理的に無駄なく確実に、しかも早く理解出来るための訓練法でなければなりません。これは、いわば技のエキスというべきもので、基本動作と応用動作があります。基本動作をしっかり身につけておけば、しかけ技や応じ技など応用動作への移行はスムーズにいきます。

自然体で構える

構えには中段・上段・下段・八相・脇構えとありますが、ここではこの「五行の構え」のうち最も基本的な（攻防の変化に応ずるのに最も都合の良い）中段の構えについて説明します。

構えは〝身構えと心構え〟が表裏一体となっており、そのどちらが欠けても構えにはなりません。

中段の構えは、端的に申し上げるなら自然体に刀を持った姿勢です。姿勢とは、文字が示す如く、姿、形に勢いがつきます。いくら良い姿でもそこに勢いがないと駄目です。

構える際の諸注意を挙げておきましょう。

竹刀の持ち方は、左手の小指を柄頭いっぱいにかけて握り、拇指と人指し指との分かれ目が竹刀の弦《つる》の延長線上にあるようにし、両手の拇指が共に前下に向くようにして握ります。

力の入れ方は肩や腕にほとんど力を入れないようにします。

小指は普通に握りしめ、薬指、中指の方にゆくに従って力をゆるめてやんわりと握りますが左手の力の入れ具合は、丁度唐傘をさしたときの握り具合と同様であり、右手は鶏卵か小鳥を握った気持ちで握ります。

左拳は下腹部臍前より約一握り前に絞り下げた状態にする。この時、左手拇指の第一中指骨関節が臍の高さとします。

剣先の高さは、およそ自分の咽喉部の高さとします。相対動作の場合には相手の咽喉部、またその延長線上が相手の両目の間、もしくは左目の方向を向くようにします。

目付けは、相手の目を中心に一ヶ所を凝視することなく、遠山を見る如く相手の全体を見ましょう。

足は、両爪先は前方に向け左右の開きは約一握り、胸幅です。前後の開きは、右足の踵の線に沿って左足の爪先を置くようにし、左足はこれより前に出さぬよう心掛けます。成長の度合いにより左足の土踏まずより約一足長前に出しても良い。これは普通の歩行から次に歩き出そうとする状態で右足前、左足後ろの時の足の踏み方です。そして、左足の踵は僅かに浮かせ、体の重心を両足の中央に置きます。

両膝はバネの作用をするものでありますから、硬直せず、曲げず、伸ばさず、の状態を自然に保つようにします。

中段に構えた自分の左側を「表」、右側を「裏」と言います。

中段の構えを習得させるには……

中段の構えを習得させるには、はじめは三挙動で行ない、慣れるにしたがって一挙動に移行していくと良いでしょう。

元の「一」という号令で帯刀姿勢より右足を約半歩踏み出し、右手を鍔元の下より柄にかける。その時の手のかけ方は、左手をもって柄をわずかに左にひねりながら、少し右斜め、臍の近くに出し、右手をやや下より拇指を上向きにし、かつ鍔元を少し離してかけます。鍔元より少し離すのは、特に真剣の際、抜刀を容易にするためです。

「二」で左足を引きつけ、蹲踞しながら刀を抜き、左手で柄を握ります。蹲踞のやり方は、両足の踵を上げ、両膝を屈折してこれを大きく開き、臀部《でんぶ》を両踵の上に正しく落ち着け、体重を足先で確実に支え、上体をやや左斜めに、頭をまっすぐにし、両肩を軽く落とし下腹部に力を入れ、口は閉じて目は自然に開いて前方を直視する。刀を抜く際は、ことさらに振りかぶることなく相手を架裟斬りにする心持ちで抜き、右拳は鳩尾（水月）下と臍の中間の高さ、左拳は柄頭いっぱいに握り、臍の近くに置きます。

「三」でおもむろに立ち上がり、右足を半歩踏み出すような心持ちで、左踵はやや外側に捻転して踵を少し上げます。

次に納め方です。

元の「一」という号令で右足を引きつけながら蹲踞する。蹲踞の方法は構える時と同じ、とくに上体が前に曲がりやすいので、前方を直視しながら動作することが必要です。

「二」で刀を納めますが、真剣を鞘《さや》に納める心持ちを失わないように動作し、納めた後は直ちに右手を股《もも》の上に置きます。

「三」でおもむろに立ち上がり約半歩退く。この際、油断なく前方を直視しながら、おもむろに動作することが必要です。

次に解き方です。

中段に構えた竹刀を、切っ先が相手の左膝下五、六センチの高さとなる程度に自然に右斜め下に提げ、刀刃はやや左斜め下方となるようにしましょう。

手の内の作用を知れ

手の内とは竹刀の柄を持つ左右の手の持ち方、力の入れ方、打突の際の両手の緊張状態とその釣り合い及び打突後の解緊状態の綜合的なものを言います。

打突の際及び打突後の両手の緊張と解緊の状態とその釣り合いについては、筋肉の緊張と解緊の原則によってなされ、しかも打突した際は両手の内に均等に力を入れるようにすれば、釣り合いがとれて正しい方向に打突出来ます。

即ち打突の時は、両手の手首を中心線に働かして内側に茶巾絞りの要領でしぼり、充分伸筋を働かせて両手を握りしめる。打突後は素早くこの状態をゆるめて元に復し、すぐさま次の打突が容易に出来る状態にすることが大切です。

このように瞬間的に手の内が充分しまってきたとき、打突に表われる力を「冴え」といいます。剣道においては手の内と相俟って冴えは重要です。いくら竹刀が重くても、力を強く加えても手の内の作用が不充分だと決して冴えは表われません。竹刀の重さに力を加え、速度をもって打突すれば、それが短時間でなされる程、打突の力が大きく表わされるものです。

体捌き。例えば警視庁では……

歩み足・送り足・継ぎ足・開き足を使って、体の運用を上下左右にぶれることなく、スムーズに行なうこと。進む方から足を運ぶこと。前へ出るときは右足から、退がるときは左足から。したがって送り足の際は素早く足をひきつけなければなりません。

例えば警視庁では次のようなやり方で行なっています。

前進は、「攻め」の号令で左足蹠骨部で踏み切り、右足より一歩前進し左足を直ちに正しい位置に踏む。

後退は、「退け」の号令で右足蹠骨部で踏み切り、左足より一歩後退し右足を直ちに正しい位置に踏む。

右開は、「右へ」の号令で左足蹠骨部で右横に踏み切り、右足より一歩右に開き、左足を直ちに正しい位置に踏む。

左開は、「左へ」の号令で右足蹠骨部で左横に踏み切り、左足より一歩左に開き、右足を直ちに正しい位置に踏む。

この体捌きを行なう時は、足は地に近くに運び、爪先より軽く地につけ両足先はまっすぐにする。さらに上体の運び方は、まっすぐにしたまま、下腹部に力を入れ、踏み切ると同時に腰（体の重心部）を水平に動かして移動し、正しい姿勢を保つことに注意しなければなりません。

基本打突が目標とするもの

基本打突とは、正しい距離から、正しい姿勢で、正しい手の内の作用で、決められた部位を合理的な動作で、足捌きを伴なって打突する動作であります。

正しい距離とは、一足一刀の間合です。一足一刀の間合とは、字の如く、一足《ひとあし》で相手の打突部位に物打ちが当たる距離を言います。両者の竹刀が10センチくらい交叉するくらいです。足を継いだり、歩み足を使ったら、これは二足一刀。例えば小学生（初心者）は近く、高校生は遠くすれば良い。しかし、高校生でも遠くすると足を踏みかえたりする人は、はじめのうちは近く、慣れるに従い段々遠くすれば良いのです。

正しい姿勢とは、足の踏み方から上体まで全てを言います。

また正しい手の内とは、唐傘を持つように竹刀を持って、打つ時の力の入れ方と打った後の力の抜き方、そういうことを総合して手の内と言います。

決められた部位とは、面部、小手部、胴部、突部。

合理的な動作とは、基本の技で習った通りの無駄のない動きです。
以上の要点に注意して「気剣体の一致」を目標に修錬することが肝要です。

これが面の基本打ちである

面打ちはすべての技の基となるものです。面打ちをしっかり体得しておくことによって他の技の習得がスムーズになるので、細かな点もおろそかにせず、厳しくやることが必要です。とくに初心のあいだは迅速よりむしろ正確に行ない、習熟するに従って自然に速度を速めるようにすれば良いでしょう。

次に、面の基本打ちのやり方について説明します。

左手で振り上げる気持ちで、右手は軽くこれに添えて、両拳は体の中心を通るようにする。振り上げた左拳の位置は、前頭部約一握り離れたところで、刀と体の角度はおおむね四十五度ぐらいとします。

打つときは腰を緊《し》め、両腕を伸ばして両手の力を等しく絞り、握りしめる。この場合、右拳はおおむね肩、左拳は乳の高さ、竹刀の場合は鳩尾下とする。打った後は、気勢をゆるめることなく手の内を元に戻します。

では、面打ちの際の諸注意を挙げることにしましょう。

握りを変えないで、竹刀を身体の正中線に沿って振り上げ、振り下ろして打ちます。刃筋が正しくなるよう注意してください。

竹刀を振り上げる動作と、振り下ろす動作を区切らないで、一連の動作で行なうこと。一拍子の打ちです。振りかぶったところで一旦止めないようにしましょう。

打つ最後に両手小指を軽く握りしめる。

身体動作を伴なって、充実した気勢で打つ。掛け声は腹の底から大きく、強く、打つ部位の名称を言うようにします。

腰から動作を起こし、足捌きを伴なうようにします。

交互面の基本打ちは大きく、正しく、踏み込んで

一足一刀の間合に構え、習技者は左足を継ぐことなく、大きく、正しく、踏み込んで面を打つ。元立ちは体をかわすことなく真っ直ぐに後退し、再び一足一刀の間合になり、習技者と元立ちが交代し（場所はそのまま）、先程打たせた者が今度は相手の面を打つ。これを繰り返し行ないます。

打つ時、左足を継がないのがポイントです。構えた位置から踏み込むので、体を左右に移動させぬこと。一足一刀の間合で正確に打てない場合は、間を詰め無理なく打てる間合から行なうと良いでしょう。段々遠くから打てるように努力すること。

常に大きく、正しく打ち込むことです。正しい打突と正確な間合を研究しながら注意して行なってください。

元立ちは技を引き出せ

元立ちは適宜間合に注意し、技を引き出してあげることが大切です。間合のとり方が微妙に変わってきますので、元立ち自身の勉強ともなります。

元立ちは、正しい面の部位を正しく打たせ、当たった瞬間に体をパッとかわすこと。習技者は足を踏みかえず、一足一刀の間合から、手の握りをかえず中段の構えの手の握りのまま振りかぶる。振りかぶったら頭上で一旦止めずに正確に面部を打つ。打つ時に両手の小指・薬指をピシッと締める。そして、打った瞬間に手の力をゆるめます。

打ち込み三年

昔は「打ち込み三年」と言われました。これは何も三年ではなく、何年も何年もやりなさいということを意味しています。現在は打ち込み、切り返し、掛り稽古を別々に分けて稽古していますが、昔はこの三つを併せて「打ち込み」と称していました。

打ち込み稽古とは、元立ちが与えた打突の機会を捉えて打つ、打突の基本的な技術を体得させる稽古法です。技を指定して打たせる方法と、元立ちが適宜打突の機会を与えて打たせる方法がありますが、初心者には打ち込み棒や打ち込み台を用いる方法もあります。従って、元立ちは習技者の技倆を勘案して、主体的に打突の機会を与えて打ち込ませなければなりません。

そして、習技者はその打突の機会を的確に捉え、素直な気持ちで、正しい姿勢や間合から、適宜大技の一本打ち、連続技、体当たりからの引き技等を交えて、正確に打ち込んでいくのです。

だから切り返しは重要である

切り返しは、正面打ち（面の基本打ち）と、連続左右面打ちを組み合わせた剣道の基礎的動作の綜合的な稽古法です。

習技者は、一足一刀の間合から元立ちの正面を打ち、中段の構えの姿勢に復することなく元立ちの後退に従い前進しながら連続左右面を数回打ち、さらに元立ちの前進に従って後退しながら同様に打ち、中段に復して正面に打つ。これが一回で、この動作を数回繰り返します。

切り返しのねらいは、身体四肢を柔軟にし、掌中の作用を巧妙に、動作を敏活にし、あわせて体力気力を増進し、気剣体の一致の活動を期すると共に、間合の観念を体得する動作です。

切り返しはここに注意せよ

最初の正面打ちは、基本の面打ちですから、足を踏みかえることのないように一足一刀の間合から、年少者並びに初心者は自分の打てるところから、ともに正しく面を打ちます。元立ちは面を打たせたら、習技者が前に出る分、真っ直ぐに後退する。ここで後退しなければ、習技者とぶつかってしまうし、習技者の打ちが中途半端となる。だから、打ち込みの時の面のように打たせるには、習技者が出た分だけ退がってあげるのです。初心者、幼少年は体当たりは避けたほうが良いでしょう。

左面より始めて、左面で終わるように習慣づけることです。

少年等は前に四回、後に五回。熟練者は数に限りないが、一呼吸で行なうのが望ましいのです。気力、体力の続くかぎり、これを行ないます。

基本の左右面は、正面に振りかぶって左面、正面に振りかぶって右面、これが基本ですが、切り返しはこれより段々と速く行なわなければならないから、それが難しい。最初は真っ直ぐに大きく振りかぶって左面を打った後、竹刀を打った方向へ返し、ただちに手を左四十五度の方向に返して右面を打つ。これの繰り返しを前後数回行ないます。刀筋を正しくするために手の返しを正確に行ないます。

次に、主な諸注意を挙げることにします。

初心者は、大きく、ゆっくり、正確に。熟練者は大・強・速・軽に行なうこと。

左手が中心（正中線）から外れないこと。

右腕に力が入りすぎて、主として右腕で打っているような感じがあってはなりません。

両腕に等しく力を入れて、正しく打つように心掛けます。
元立ちが主体となって習技者を引き立てること、とくに熟練者には体力、気力の続く限り行なわせることを心掛けてください。

切り返し五つのポイント
一、一拍子で打つ。
二、体全体で行なう。
三、前進後退は水平移動。即ち腰を中心にまっすぐ水平に。
四、いらない筋肉は使わない。
五、直線でなく曲線で打つ。

切り返しを受ける要領

元立ちは、習技者に一足一刀の間合をとらせた後（この場合、元立ちも自ら間合をとります）、正面を打たせ、竹刀を立てて「受け方の要領」で習技者の左右面打ちに応じながら数歩後退、さらに数歩前進して正面を打たせます。

受け方の要領は、中段の構えから自分の方に真っ直ぐ竹刀を立てて、左手は腰の高さで左右に平行に面の幅だけ移動し、自分の左右の面のなるべく近くを打たせること。これが基本の受け方ですが、習技者が上達するにつれ、左手は体の中心（臍）になるべく近く、大幅に左右に移動させない、右手は左手を中心に左右の面の幅くらいに振り子のようにして左右面を打たせるようにします。強く切り落としたり、はじいたり、また竹刀を目標にさせたり、左右の面より遠くで受けたりしてはいけません。

掛り稽古は一心不乱

掛り稽古は、習技者を元立ちに組ませて、各技の応用変化を実際的に訓練する稽古法です。この稽古は、基本動作及び応用動作において習得した技を、勝敗を離れ、自己を忘れて一心不乱に気息の続く限り打ち込み、その間に基本打突の実際的活用と、その応用変化と進退駆け引きの技術を体得し、併せて旺盛なる体力・気力を養成するために行なうものです。習技者は、躊躇逡巡することなく、先を以て自在かつ猛烈に単一技、連続技及び適宜に体当たりを行ない、ある限りの精力を尽くします。

一方、元立ちは単にこれを受け止めるだけでなく、習技者が踏み込みすぎるときは退り、足りないときは前に進み、適切な間合をとって打ち切る打突を誘導すると共に、合気となって矯正的な打突を行ない、応変の技術と気力の錬成をはかり、充分に間合をとり、大きく、正しく、伸び伸びした技を行なわせるよう留意する必要があります。

打ち込みは、元立ちが開けてくれるが、掛り稽古の場合は元立ちが開けてくれない。この元立ちが開けてくれないところを攻め込んで打突するのです。摺り上げたり、あるいは払ったりして打突するのが原則です。

但し、年少者あるいは初心者はそれが出来ないので、元立ちは開けて打たせてもかまいません。しかし、元立ちは休めの姿勢のように大袈裟に剣先を開けることのないようにしてください。パッと開けた瞬間に打突させるように心掛けます。

習技者は、元立ちが開けてくれたその瞬間に踏み込んで打つ。そうでないと、これは単なる体操に陥ってしまいます。試合の時でも、パッと剣先が動いた瞬間に技が出ないと遅れてしまう。そういうことを訓練する。開いたところ、開いたところをパンパーンといけるような訓練をするのです。

元立ちはただ案山子みたいに開けてやるばかりではなく、相手の気分を引き立ててやることが大切です。相手の気分が弛んでいたり、隙があったりすれば、時々相手が振り向いたところに面を打ち込み、それを教えることも必要です。ただ開けて打たせるだけなら打ち込み台で間に合うのだから……。

地稽古

地稽古には、引き立て稽古と、互格稽古の二種類があります。

引き立て稽古は、主として技倆の上手《うわて》の者が下手《したて》の者に対して行なうもので、努めて相手を引き立て、技術、気力、体力等を鍛錬させ、進退動作や体捌きを敏活ならしめるのです。しかもその間、上手の者は未熟なる相手を利用して、種々なる技術、動作を訓練することが出来る方法でもあります。

下手の者は、打たれ突かれることを恐れることなく、ただ自分の技術、気力、体力等を練る目的で、相手に対して猛烈に打ち込んでいく。

互格稽古は、技倆の伯仲する者が、間合を計り、虚実を尽くして一撃一突もおろそかにせず、充分なる気合を込めて行なう稽古方法です。

初心者の稽古について

何事の修行も最初が大切です。初心者のときの修行いかんが、将来に於いて重大な結果をきたすからです。この時期に誤った稽古をすると、悪い技癖を生じて技の上達を妨げ、この矯正は容易なことではありません。

この時期は、お互いのわがまま勝手な稽古を避けて、なるべく教師に願って、よく指導を受けねばなりません。

先ず基本的な技を多く練って、切り返しや、打ち込み等の稽古を盛んに行なうのが良いでしょう。

そうして体を鍛え気力を練ると共に技を正確にし、素直な伸び伸びとした正しい稽古をすることが最も肝要です。

初心者の間は、勝負など眼中になく、すらりすらり滞りのない稽古をしたほうが良いのです。余り勝負に捉われすぎると、勝とう勝とう、或いは多く打とうとするために無理な打ち方をしたり、負けまい打たれまいとして、無理な応じ方、受け方をして、却って悪い技癖を生じて稽古が悪くなり、進歩の障害となって上達の妨げとなります。

有効打突の条件について

有効打突
気剣体の一致

- 気＝充実した姿勢
  - 意志を決行する力
  - 生命の原動力となる勢い
  - 人体の勢力エネルギー
    - はげしい稽古
    - 呼吸法
- 剣＝正確な刀法
  - 各関節部及び掌中の合理的作用により操法する刀の運用法　（手の内）
    - 打突部位
    - 打突部
    - 刃筋
    - 強度と冴え
      - 要素＝間合・距離
      - 筋・方向
      - 虚実・強弱
      - 拍子・時間
- 体＝適正な姿勢
  - 各種打突のときの正しい姿勢
    - 体勢（姿と勢）―構え
    - 体捌き
    - 残心

呼吸
心身一如
理合

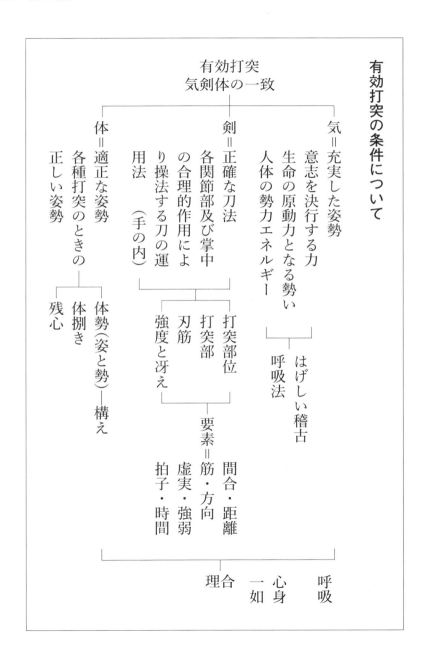

実と虚

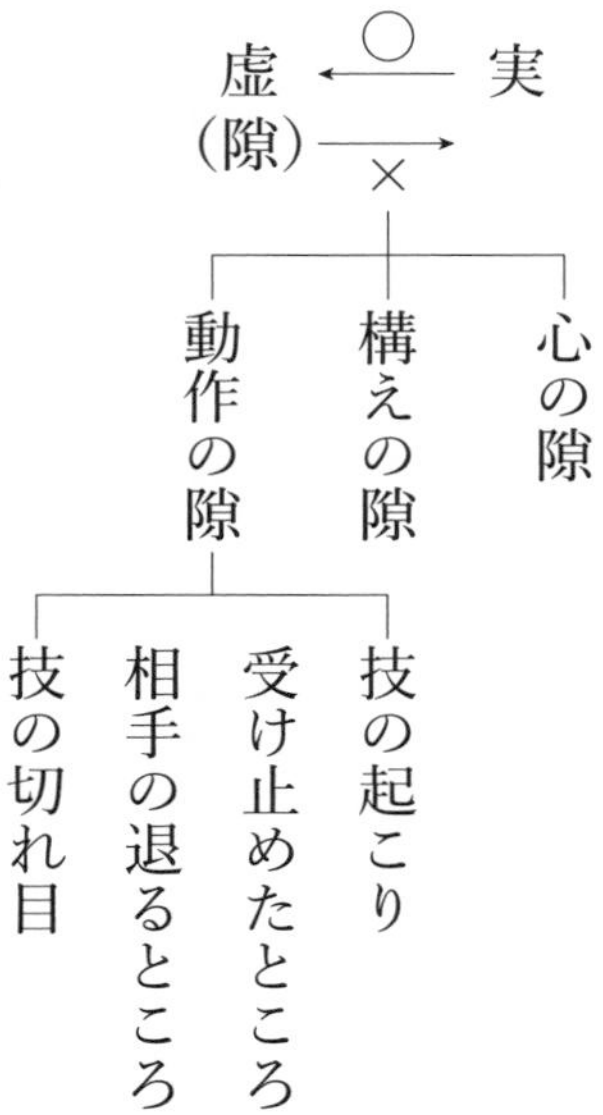

実とは、心身共に充実している時を実という。実の時は勿論、隙はない。実を以て虚を打つことは、剣道の鉄則です。

虚とは、つまり隙のことです。隙には、心の隙と構えの隙と動作の隙がある。

動作の隙は、技の起こり、受け止めたところ、相手の退るところ、技の切れ目、等に生じます。

隙がないときは打たない。隙があったら逃さない。隙がなければ崩して打つ。

技の起こりとは、打突しようと動作を起こすときのことです。受け止めたところとは、面を受ければ胴があき、小手を避ければ面に隙が出来るといったことです。相手の退るところとは、攻めたてられて退くときのことです。技の切れ目とは、打突動作や身体動作が一時的に中断した瞬間のことです。

他にも、呼気と吸気の変わり目に隙が生じます。呼気は陽の性で実であり、吸気は陰の性で虚であると言われています。吐き出して吸わんとする刹那は、大きな弱点となりますので、普段より長呼気丹田呼吸、すなわち腹式呼吸を心掛けることが大切です。また、驚・懼・疑・惑、いわゆる「四戒」の念が生じたとき、心に隙が生じます。

国民の祝日 （令和3年4月1日現在）

元　　　旦	1月1日　年の初めを祝う日。家族揃って初詣をし、神恩に感謝し決意を新たにする大切な日。年末から門松、注連飾り等をし、歳神様を迎える日。
成人の日	1月第2月曜日　満二十歳に達して法律上「成人」と認められた青年達が、祖国と世界を担う日本人としての自覚を深め、自ら生き抜こうとする青年達を祝い励ます日。（昭和23年制定）
建国記念の日	2月11日　記紀に伝えられる神武天皇を中心とする建国創業の歴史をしのび、日本人として国を愛する心を養う日。もとの紀元節。（昭和41年制定）
天皇誕生日	2月23日　日本国および日本国民統合の象徴と仰がれる第126代天皇＝今上陛下の御誕生日（昭和35年2月23日）を国民こぞって心からお祝いする日。（令和元年制定）
春分の日	春分日。天地自然の限りない恵みを讃え、あらゆる生物の尊い生命を慈しむ日。もとの春季皇霊祭。（昭和23年制定）
昭和の日	4月29日　日付は昭和天皇の誕生日である4月29日があてられている。激動の日々を経て、復興を遂げた昭和の時代を顧み、国の将来に思いをいたす日。（平成19年制定）
憲法記念日	5月3日　被占領下に制定された日本国憲法の施行（昭和22年）を記念し、国の成長を期する日。（昭和23年制定）
みどりの日	5月4日　平成元年から平成18年までは4月29日。平成19年より現在の日付に。自然に親しむと共にその恩恵に感謝し、豊かな心をはぐくむ。（平成19年制定）
こどもの日	5月5日　未来を担うこどもの人格を重んじ、幸福をはかると共に、こどもは自分を生み育ててくれた親に感謝する日。（昭和23年制定）
海の日	7月第3日曜日　明治天皇が明治9年、北海道・東北御巡幸から横浜港に帰着された日を記念し、「海の恩恵に感謝すると共に、海洋国日本の繁栄を願う」日。（平成7年制定）
山の日	8月11日　山に親しむ機会を得て、山の恩恵に感謝する。（平成26年制定）
敬老の日	9月第3日曜日　多年にわたり社会に尽くしてきた御年寄りを敬愛し、併せて一層の長寿を祈る日。（昭和41年制定）
秋分の日	秋分日。わが生命につながる祖先をうやまい、自分とゆかりある亡くなった人々をしのぶ日。もとの秋季皇霊祭。（昭和23年制定）
スポーツの日	10月第2月曜日　国民がスポーツに親しみ、その精神を通じて健康な心身をつちかう日。令和元年までは「体育の日」という名称であったが、令和2年より現在の名称に変更された。（昭和41年制定）
文化の日	11月3日　明治天皇の御誕生日（嘉永5年11月3日）を祝い、明治時代にめざましく発展した近代国家の文化をすすめる日。もとの明治節。（昭和23年制定）
勤労感謝の日	11月23日　神々のご加護と人々の勤労によって可能になる万物の生産を祝い、国民が互いに感謝しあう日。もとの新嘗祭。（昭和23年制定）

第三部◉随想録

初太刀一本の精神

これまで森島先生が
月刊「剣道時代」誌に書かれたものの中から、
主な作品を選んで収めました。
今回新装増補改訂版にあたり二作品を追加しました。
なお、本書に収めるにあたり、読者の便宜をはかって
一部小見出しの変更と追加を施しました。

一、剣道の原点は〝眞剣勝負〟

貴社発行〝剣道時代〟が、発刊二〇〇号を記念されるに際し衷心から御祝い申し上げると共に、発刊以来終始日本剣道発展のために寄与されたことに対し、深甚の敬意を表するものであります。尚一層の御発展を祈念して止みません。

〝今後の剣道は如何にあるべきか〟について寄稿を求められたので、聊か愚見を述べて大方の御叱声を乞う次第である。

剣道は武道

第一に考えることは、もう一度原点に返って剣道を見直してみることであろう。

元来剣道は刀剣を使用して敵を殺す技術に始まったものが、長い歴史の間にあって、学問・道徳・芸術・宗教等の影響を受け乍ら、先人の血と汗の結晶として人間の道まで昇華されたものであり、まさに世界に誇る文化遺産である。

従って剣道の原点は、眞剣勝負そのものである筈である。眞剣勝負は生死の問題を除けて考えることは出来ない。生死の問題は人間の緊張の極限である。その極限に於て如何に身を処するかが剣人達の最高課題であった。

そこには自然、宗教、特に神道・仏教との結び付きが出来て、それらの宗教から人間の生き方を学んだのである。特に禅の影響は大きいものがあった。

剣道の根源には伝統として生死の問題を内包しており、この点が他のスポーツと異なるものであり、剣道が武道といわれる所以である。

太東亜戦争の敗北によって剣道も苦難の途を強いられ、その復活に当たっての先輩方の御苦労を忘れるわけにはゆかない。

併し、戦後の剣道はスポーツとして再発足したものである。

昭和二十七年に全日本剣道連盟が発足して以来今日迄、剣道は戦前を凌ぐ盛況を体していることは慶ばしい限りである。しかしその盛況も剣道人口のそれであって、剣道の内容そのものは如何であろうか!!

段本位、試合本位の所謂当てっこ剣道といわれて久しいが、その傾向は一向に改められる様子はない。一層その傾向が強くなっているのが現状である。

昭和五十年、全剣連は〝剣道の理念〞を制定した。その骨子は〝剣の理法の修錬〞である。この意義は大きい。スポーツ剣道に対する一大警鐘と考えていいと思う。その理念も又死文化してしまったのか‼　将来も又変化してゆくことであろうが、変化して結構であるが、只一つ変化してはならないものがある。それは〝剣の理法の修錬〟である。これが剣道の原理であり伝統である。これが無くなれば只の運動競技と変わらないだろう。

古人に学べ

剣道は伝承の文化といわれるから、先哲の修行の足跡を探るのも意義があると思われるので、その一例を記してみることにする。

天神正伝香取神道流の開祖飯篠長威斎の墓所の傍に頌徳碑が建てられているが、その碑文の一節に

「幼ニシテ刀槍ノ術ヲ学ビ、香取大神ノ稜威ヲ崇仰シテ梅木山不断所ノ毘沙門堂ニ参籠シ、毎夜斎戒沐浴神前ニ詣リ、祈願ヲ凝シ、木刀ヲ揮ツテ博撃変身ノ技ヲ演ジ、心胆ヲ錬

磨スルコト一千日、竟ニ神人一如ノ秘法ヲ悟得タリ。天下無敵ノ神技ヲ独創シ、且ツ兵法ノ蘊奥ヲ極ムルニ至ル」云々とある。

見る者をして謹厳襟を正さざるを得ない。

恐らく夜は神前に於て静坐瞑想を凝し心胆を錬られ、昼間は木刀を揮って技の考究に専念されたことと想像される。

心身一如というか、事理一致の修行というか、我々常人の及ぶべきところではないが、以て亀鑑とすべきである。

「無刀流剣術者、勝負を争はず、心を澄し胆を錬り、自然の勝を得るを要す」という訓は、無刀流開祖山岡鉄舟先生が艱難辛苦、剣禅一如の修行から到達された悟境を示されたものである。

又〝精神を呼吸に凝し勝機を未撃に知る〟とも訓えられている。

呼吸を錬るということは、心法を錬り気を錬ると同義語であって、剣道に於ては身体的、心理的に極めて重要なことであるので、剣道を志す者は日夜工夫鍛錬すべきである。

知識として知っていても実際に錬らなければ何の役にも立たない。

呼吸（剣道の呼吸は長呼気丹田呼吸）が中心になって、姿勢・目付け・手の内の作用・間合・体捌き・機会・残心等が相乗綜合的に作用して、無心の技が出るのである。錬る可きは呼吸なりと言いたい。

指導者の養成こそ最急務

剣道人口が増えれば増える程、間違った指導をすればその弊害は計り知れないものがある。現在の剣道の混乱もその辺に原因があるような気がする。指導者の養成こそ最急務ではなかろうか。

柳生流〝三磨の位〟という秘伝の第一は、良師に就いて習うことを掲げている。剣道は師伝であるから、良師に就くことは上達の第一条件である。

〝三年稽古を休んでも師匠を選べ〟といわれるとおり、大変大事なことであるが又難しいことでもある。

それ程大事なことであるならば、指導者としての責任が重大なることを自覚して修行を怠ってはならない。剣道の修行には限りが無いのだから。

〝教えることは自分が習うこと〟だから高段者になっても修行を積まねばならない。第一に指導者は〝剣の理法〟を正しく認識することである。誤解を虞れず言うならば、それは眞剣勝負の心構えである。眞剣勝負に二本目はない。一本目だけでやり直しはきかない。それも初太刀一回きりである。

〝初太刀を大切にせよ〟というのはそこのところの教えであって、大変意義の深いものがある。初太刀一本を大切にすることによって剣道の理合が理解できる。

初太刀一本で決めることは至難の業であって、総べての要件が満たされなければ不可能である。不可能を可能にするところに修行の尊さがある。その眞剣さが人間形成に繋がってくるのであって、数打ち剣道からは何も生まれてはこないだろう。

初心者や、低段者にそんなことを指導したら変なものが出来るだろう。あくまでも指導者としての心得であって、発達段階に従って相応の指導をなし、結局最後には〝初太刀一本〟までもってゆく可きである。

剣道の指導を刀匠の日本刀の鍛冶に喩えると理解し易いように思われる。

刀匠が日本刀を製作するときは、鍛冶場には神を祀り、注連縄を張り、一切の穢れを祓って神の加護を祈る。自身も斎戒沐浴して礼服を着用し、師匠から伝承された技法に更に工夫精進を重ね、精魂の限りを尽し、〝何とぞこの刀が兇器として使用されないよう、身を護り国を護るための名刀に仕上がりますように〟と製作するのである。

このようにして製作された日本刀は真に芸術品であって、刀匠の精神が反映して人の心をうつのであろう。

名工正宗の作品に関して次のような伝説がある。

ある人が村正の切れ味を試すために水流に刀を立て、上流から木の葉を流してそれがどうなるかを見た。刃に触れた木の葉は真二つに切られた。次に同じようにして正宗を立ててみたら、上流から流れてくる木の葉は刃に触れないで避けていった。

切れ味に関する限りでは村正に及ばぬかもしれぬが、正宗にはその人格からくる精神的なものがあるといわれている。

正宗は人を斬るということに関心をもたなかった。それは人を斬る道具以上のものであった。

正宗は〝抜かずことすむ〟を信条としたといわれる。

正宗は鎌倉後期の刀工で、号を五郎入道という。新藤五國光の弟子で、作品に銘を刻まなかったという。弟子に兼氏など正宗十哲と称される名工をもつ古今第一の名匠と称えられている。

剣道指導者にとって大変示唆に富んだ話である。

試合に勝つことも、段を取ることも大事なことに違いないが、それは一つの手段であって目的ではない。

目的はあくまでも人間形成にある。

明治天皇の御製に

　さしのぼる朝日のごとくさはやかに

　　もたまほしきはこころなりけり

と仰せられている。

吾々人間の誰れでもの願望を平凡な言葉でお示しになっているものである。

御来光を拝むといって、元日の朝、山に登ったり海岸に出たりして初日の出を拝む習俗がある。清浄心を求めて出かけて行く。

空には一片の雲もなく晴れ渡り、置き忘れられたように残月が懸り、遙かにかすむ伊豆半島から、真赤な太陽が物凄い迫力で昇ってくる。駿河湾の波は轟々と三保の砂浜を洗い、左を望めば雪を頂いた霊峰富士が下界を圧する如く聳えている。

荘厳というか、神秘というか、絶対というか、自然というか。

太陽と空と月と山と海の調和!!

呆然として我を忘れる一瞬
そこに神を見た。


（「剣道時代」平成元年三月号掲載）

二、山道に迷ったら元のところへ戻れ

スポーツ剣道を未だ払拭できないのは何故か

剣道人口が急速に減少しているという。特に少年剣道において著しいようである。又高校の剣道部においては、女子部員の方が男子部員よりも多い所もあるという。

少年剣道人口の減少には出生率の低下もあるだろうが、理由はそれだけでもなさそうである。男子中学生の中には高校進学後、剣道を止める生徒が多く、逆に女子生徒には剣道志向が強くなっているのは何故だろうか。剣道の将来にとって重要な問題と考えられる。

大東亜戦争に敗北の結果、占領軍の弾圧政策によって剣道が禁止され、学校体育からも一般社会からも追放された。まさに青天の霹靂《へきれき》であった。苦肉の策として撓競技《しない》が考案されて実施された経緯については、庄子宗光著『剣道百年』に詳しい。

それには撓競技の運動形式並びに従来の剣道に比較しての特色について書かれてあり、さらに「新生の撓競技は以上のような特徴を持つものであったが、この考え方は、間もなく再出発した剣道に重要な影響を与えたのである」とも述べている。

昭和二十六年の講和条約の調印を契機として、剣道復活の気運が俄然活発となり、果して昭和二十七年に全日本剣道連盟が結成され、待望の全国的組織が確立した。実に七年間に及ぶ苦難の空白であった。

庄子氏は新剣道の根本理念についてこうも書いている。

「剣道は体育スポーツとして再出発することを宣明し、新しい時代に即応する剣道を打ち建てることを、その再出発の第一信条として掲げた。この意味において、終戦後の剣道は単なる復活ではなかった。新しい生命を盛った新しい出発であった。それは過去の剣道に対する考え方とは根本的に違ったもので、この点において、終戦を境として剣道に対する基本的な考え方の違いをはっきりと区別することができる」と。

従って、その試合規程なり審判規程はすべてこの線に沿うように改められたのである。即ち剣道が純然たる体育スポーツとして再出発した、ということだ。

昭和五十年に〝剣道の理念〟が制定されるまでの約二十三年間、剣道はスポーツとして行なわれてきたのである。

先に述べた「再出発した剣道に重大な影響を与えた」ということである。廃刀令による撃剣興行の悪癖が長く日本剣道に尾を引いた如く、撓競技以後のスポーツ剣道の悪弊を未だに払拭できないでいるように思われる。

剣道復活にあたって、当事者の御苦労には深甚の敬意を表するに吝《やぶさ》かではないが、事の本質は別の問題である。結果論だけで物事を論じてはならないが、惜しむらくは、もっと早く剣道の理念を制定すべきであった。この二十三年の空白は大きい。理念制定後十五年経過した今も、剣道が一向に良い方向に向かわないのは何故だろうか。薬瓶のレッテルだけで中味が空っぽでは効果はない。

少年剣道の父母達は、学校や家庭で出来ない躾を剣道に期待したが、指導者の不足によって若手の経験の浅い人物をそれに当てたため、その期待に沿えなかった。

さらに、試合本位の指導から、所詮〝当てっこ剣道〟がはびこり、剣道に魅力をなくして徐々に遠ざかっていったのではなかろうか。

そして、全日本選手権、世界選手権大会をはじめその他の大会においても、年々その内容が低下しているように感じられるがどうであろうか。戦後のスポーツ剣道がここでも暗い影を落しているような気がする。

勝てばいい、段が取れればいいという、所謂試合偏重になってしまったのである。

昨年の全日本選手権（第37回大会）は、六十三試合中十一試合が、判定で勝敗が決まったという異常な試合内容であった。全日本という格調高い名が泣くような大会だった。

全日本選手権では判定制度を採用しているが、これが元凶のように考えられる。（註：昭和59年から平成3年まで判定制度が導入されていた）

選手はポイント稼ぎに心が逸ってポンポン技を出す。隙でもないところを打ってゆくので決まらない。一方それに対して応じ技を出すでもなく凌ぐだけである。

審判員は判定のため過重な精力を要する。而もその判定が妥当かどうかも疑わしい場合もある。

つまり判定制度に良いことなし。これを続けたら何時まで経っても正道には戻れないだろう。

これも撓競技の名残りか……。

剣道の試合はあくまでも有効打突で決めるべきである。

剣道が〝当てっこ〟といわれて久しいが、〝当てずっぽ剣道〟といった方がふさわしい内容になってしまった。

剣道の技は、所謂〝実を避けて虚を打って〟はじめて成功する。如何に体力がありスピードがあっても、相手の隙を狙わなければ成功しないのだ。

最近の試合の傾向は、まず第一にこの〝当てずっぽ剣道〟になっている。当てずっぽだから無駄打ちが非常に多い。

第二は、元来日本の剣道は攻撃が主であったものが、防御が主になってしまった。

高野佐三郎先生はその遺稿集において、

「日本の剣道には防御と云うものがありません。攻撃を以て最大の防御とされておるのであります。それでは敵から打ち込んでくる太刀先を躱《かわ》し、切り落とし、或いは受け流すのは防御ではないかと云われる方もありましょうが、結局はその中から敵を撃ち、或いは突く為に、今申し上げた先を取る為の方法なのでありまして、切り落とした時は既に敵を斬っておらねばならないのであり、受け流した時は同時に敵を倒しておらねばならないのでありまして、その間、寸隙《すんげき》を許さないのであります」と述べておられる。

第三は、応じ技が少なくなったことである。その原因は前述した第一、第二にあると思われる。相手を攻め崩してその反応を見て打つ、という戦術の研究が足りないように思う。高野先生の御言葉、慎重に吟味すべきである。

第四は、手の内の作用と足捌きの乱れ。特に竹刀の握り方の乱れはひどい。相当の人達の中でさえ柄頭を余し、右手は柄の中ごろを握っている人もいる。正確に打突する第一の要件ではないか。〝早く打て、先に打て〟という理合に外れた指導をしてきた結果で、握り方に対する関心まで薄くなってしまった。

心の持ち方使い方によって、正剣とも邪剣ともなる

今回のテーマは〝応じと捌き〟であるが、現象面だけを捉えての対処療法だけで解決できる問題ではない。先に述べた四つの問題にしても根は一つであるから、その據《よ》ってきたるところの原因を究明するためには、剣道の本質を究める必要があると考える。

〝山道に迷った時は、元のところに戻る〟のが原則であるように、物事が解らなくなった時は、我々は初心に還れというし、手垢のついた言葉であるが、原点に還ることが必要であると同時に、剣道回生の途は立派な指導者の養成が緊急を要する重要課題である。

日本の剣道は、長い立派な伝統の上に成り立っている。先人が血と汗の結晶として築き上げ残した伝統こそ、後代の我々の據り処であり、又その伝統に花を添えて後代に残す責任がある。

元来剣道は、刀剣を使用して敵と闘い勝利を得るための技術を錬磨することに始まったものであるが、長い歴史の間に幾多の変遷を経て人間の道まで昇華されたものである。その間、剣技の修錬と共に、宗教・学問・道徳・芸術等の影響を受けて、それらのものから人間の道を教わったのである。特に仏教、その中でも禅の影響は大きかった。剣道を眞に理解するためには、先ずそれらのものを理解する必要があろう。

最初は敵を倒すための技術であったものが、最終的には闘わずして勝つ、ということが理想とされ、それを可能にする精神的修錬こそが窮極の目的とされるようになってきた。

先人達が想像を絶する修行によって体得されて残された言葉は、まさに眞理の表現であり、すぐれた哲学でもある。

哲学のない剣道は只の棒振り体操と変わらない。

以上の理由から今回は多くの言葉から心・気・力の一致について考察してみることにした。言うのは易く行なうは難しい言葉であるが、理解し易くするために、大森曹玄著『剣と禅』から引用させてもらう。夢想剣の中で、

「伊藤一刀斎が剣の妙旨を授かるべく鎌倉の鶴岡八幡宮へ参籠した。二十一日の間参籠精進したが、満願の日になっても神示はなかった。失望していざ帰ろうとしたとき物陰に黒い影がチラリと動く気配を感じた。途端に睡中にかゆきをなでる如く、無意識に手が動き、刀が鞘走ってその影を斬りすてていた。いや影を見た――というよりは感じたのと、斬ったのとが同時といってよい程に間髪を容れない心・手一如の速さだった。

（中略）

この時の一刀斎のはたらきを分析してみれば、㈠黒い影がチラリと動くのを直感的に感知し、㈡その黒い影は自分に危害を加えようとする敵だと瞬間に判断（思惟）したので、㈢すばやく太刀を抜いて斬るという行為に出た、ということになるであろう。その

直感、思惟、行為の三つが何のズレもなく、一刹那の間に即一的に行なわれたのである。もちろんこれには剣技が反射作用的に無意識的に発揮できるまでに、千鍛万錬されていなければならないことはいうまでもないが、同時に一刀斎流の言葉で言えば、無念にして対者の想を写しとるところの〈水月移写〉という、心境の錬磨が十分にできていなければなし得ないはずである。水月移写ということについて『一刀斎先生剣法書』には〈月、無心にして水に移り、水、無念にして月を写す。内に邪を生ぜざれば、事よく外に正し〉と説明している。この対象を正しくハッキリと写しとる作用がないならば、それは猛獣の餌をとるときのような動物的行為―メクラ打ちになってしまって、人間の道としての剣道とはいえない。ただ速いのが剣の道ではあるまい」と述べている。

竹刀剣道であっても、人間形成を目指すものであるならば、たとえ至難の業であっても目標をそこにおいて、日々修錬を積み、一歩でも二歩でもその境地に近づく努力こそ修行であり、その修行が尊いのである。

直感的に感知――――――心

敵だと瞬間に判断（思惟）――――気

太刀を抜いて斬る行為――――力(技)

心・気・力の一致とは、心・気・力がかたよらず完全に融合大成されたものであり、それは霊感といってもいい。それが眞理であり、絶対であり、自然であり、誠という。そしてそれが道であり、神に通ずる。一刀斎は恐らく至誠一辺、日夜神前に静坐瞑想を凝し、神人一如の境地に達していたのであろう。

剣道の修行は知識や分別を越えたところにある。

黒い影がチラリと動くのを直感的に感知した心、剣道では相手の兆《きざし》を察知する心は無心でなければならない。鏡のような澄み切った心でなければ相手は映らない。

兆を見て瞬間的に思惟判断する気は、心と技の媒介となって、これを発動させる原動力であり、この心・気を錬る方法として古来武人の間に瞑想が行なわれたのである。

仏教では坐禅といい、儒教では静坐といって共に腹式（丹田）呼吸を主体とした方法が用いられる。

剣道の呼吸は、長呼気丹田呼吸である。即ち吐く息を長く、吸う息を短く、而も細く長く静かに、回数も段々と少なく、一分間に二、三回位まで行なうと良い。

呼吸の鍛錬法には坐禅（坐禅は健康法でも呼吸法でもない）、各種静坐法、インドのヨーガ等がある。

自律神経の中枢が太陽叢といって、腰椎の第二、第三のあたり及び腹腔内とされている。丹田呼吸をすれば太陽叢に刺激を与えるから、自律神経の働きが盛んになり、一方中枢神経の方は働きが鈍る。こうして自律神経が活発になれば、精神統一が容易になる。丹田呼吸が心身の調和に極めて良い効果をあげるのは、この理由による。丹田呼吸によって気も養われ、身体も安定する。

情緒の変化によって呼吸は変わる。又呼吸の仕方で情緒も変わるといわれている。心と呼吸の関係はこのように微妙である。心即呼吸といっても良い。

しかし剣道の呼吸は知識として知っていても何の役にも立たない。日常心がけて腹式呼吸をやることである。絶えず錬ることで自然に身についてくる。呼吸を錬ることは剣道にとって極めて重要なことである。

尚、心気力の一致を会得するためには、呼吸法と共に技の修錬が肝要である。

剣道の起りは眞剣勝負からである。竹刀に対して眞剣という観念を持てといっても、今の剣道は竹刀であるから、眞剣勝負といってもなかなか通用し難い。それではそれに近いものは何か、試合であろう。だが試合のなぐり合いではいつまで経っても剣道は解らない。

それではどうするか。

そこのところを先人は「初太刀を許すな」と訓えている。全精力を初太刀一本に賭けろということだと思う。初太刀一本で決める工夫をせよということであり、剣道は一本勝負だ、二本目はないという眞剣な気持ちで勝負しろという教訓と思う。初太刀一本を許さぬということは至難の業だ。そう思ってやっても失敗ばかりである。

〝負けてその理を知るは、勝ちてその理を知るに勝れり〟の訓えの如く、失敗したら工夫することであり、それが理合を研究することでもある。理合には心の理合もあり、技の理合もある。心の理合は呼吸で錬る。呼吸即ち心。これが理合の中心となって、姿勢、気勢、目付け、手の内の作用、間合、体捌き、機会、残心等ことごとく呼吸と関係がある。そしてそれらのものが呼吸を中心にして完全に融合大成されたとき、そこに初めて自然の技が出る。活人剣の発露である。

〝一本の技はその人の全人格の表現〟といわれる。心の持ち方使い方によって、正剣ともなり邪剣にもなる。

禅は坐禅という方法を用いて、自己の存在の本性を見極める術《すべ》であって、とらわれの身を解放して自由の道を得ることを目的としている。我々有限の存在は、常にこの世にあってさまざまな束縛に悩まされている。この束縛から解放されて自由自在の境地を目指すものである。剣道も勝ちや負けの束縛から解放されることを目指している。ここで剣と禅が一致する。

最後に繰り返しになるが、このテーマは現象面だけを捉えて解決できるものでなく、剣道の本質を究めなければと考えて取り組んだ次第である。

（「剣道時代」平成二年五月号掲載）

三、朝に紅顔ありて、夕には白骨となれる身なり

一生にただ一度の出会い

〝夫、人間の浮生なる相を、つらつら觀ずるに。おほよそはかなきものは、この世の始中終、まぼろしのごとくなる一期なり。されば、いまだ萬歳の人身を受けたりといふ事をきかず、一生すぎやすし。いまにいたりてたれか百年の形體をたもつべきや、我やさき、人やさき、けふともしらずあすともしらず。おくれさきだつ人は、もとのしづくすゑの露よりもしげしといへり。されば、朝に紅顔ありて、夕には白骨となれる身なり。すでに無常の風きたりぬれば……。〟

これは、本願寺第八代蓮如上人が、眞宗の安心を平易な文章として、折にふれて門信徒に与えられたものを、お孫の圓如上人が八十通をえらんで五冊にまとめられた御文章の中の〝白骨の章〟の一部である。

私の郷里の実家が眞宗の門徒であったために、子供の頃から母親に連れられてお寺詣りに行ったものである。又御先祖様の命日には年に何回かは供養に来て下さって、お経の後で必ずこの〝御文章〟を唱えられるのを、両親のうしろに畏まって聞いたものである。長い〝御文章〟であるし、子供に理解出来るわけでもないが、最後の〝朝に紅顔ありて、夕には白骨となれる身なり〟の一節だけは、子供心にも〝人間は死ぬんだなあ〟という深い感慨をもって、今もその一節が頭から離れない。

編集部から〝一期一会の剣道〟について書いてほしいという依頼があった時、眞っ先に頭に浮かんだのが、この〝御文章〟であった。

毎年、年末になると必ず沢山の服喪中の御挨拶を頂くが、昨年末も五十通からの御挨拶を頂いた。特にその中で、長い間に亘って御交誼願ったり、直接竹刀を交えて御指導頂いた御本人の場合も幾通かあって、胸を締めつけられる思いであった。

ごく最近にもこの稿を書いている最中、かつて大学の剣道部で指導したＯＢが、五十二歳の働き盛りで死亡するという悲惨な事例があった。昨日遭って元気で盃を交したものが、一夜明ければ思いもかけず幽明境を異にするのであるから、人間の命の儚さを痛切に感ずるのである。〝会うは別れの始め〟とはよく言ったもので、実際に会った時が別れとなる事例は沢山ある。人間の一生はまさに「一期一会」であると言っていい。

「一期一会」というのは、井伊直弼の『茶湯一会集』に出てくる有名なことばで、もとは仏教から出たものと言われている。「一期」とは、人が生まれてから死ぬまでの期間、一生涯のことであり、「一」とは、ただ一度で二度と繰り返しのないこと。「会」とは聚集の意で、人の集まり会する法会を指している。つまり「一期一会」とは、一生にただ一度の出会いという意味である。

これは茶会における心構えや態度についてよく使われる句であるが、仏教においても、この世は無常で、会う者は必ず離れる運命にあると言い、会った時が別れであり、同じめぐり会いは二度とないので、やはり一期一会であると言える。

一度人に会って接するときは、一生に一度しかないという覚悟で、相手と対応すべきだというのが、普通の解釈であるが、これは人と会うというだけのことではなく、日常いろいろな行ないをする場合、或いは、いま、ここで、この本を読んでいるということ自体も、この本との出会いがあったということである。間接的にはその本の著者との出会いであり、又対話でもあるので、一心不乱に読書することも、一期一会と言える。

何事も一期一会と観じて全身全霊を注ぐことは、「ものになりきる」「一心不乱になる」ということで、仏教でいう「三昧《さんまい》」に通じるとされている。もちろん、これは茶人や仏教のためばかりではなく、剣道の修行も、まさに一期一会でなければならない。

相手が誰であろうと一期一会に観じて、眞剣に一撃一突もゆるがせにしてはならない。相手に対する態度はかりでなく、その稽古が自分にとっても二度とない修行の機会と考えて、眞剣でなければならない。

吉川英治先生は色紙によく『我れ以外皆我が師』と書かれた。たとえ相手が未熟な人であっても、誠心誠意に、いやしくも相手を軽視するような態度があってはならない。常に自分が教わるという気持ちがあれば、たとえ子供とやっても上達するし、感謝の気持ちが湧いて「どうも有難う」という言葉が自然に出てくるだろう。それが剣道の礼儀である。

剣道は、お互いの人間性のぶつかり合いだと思う。従ってその「一本一本の技は、その人の全人格の表現」であるのであるから、一生の修行と思って修行しなくてはならない。

良師を得る

長い人生には、さまざまな人との出会いがあるもので、人々との出会いが人生であると言ってもいいくらい深い意味を持っている。

我々が人間として次第に形成されるには、自らの努力によることも勿論であるが、人間的環境によって大変な違いが生ずる。どのような人に出会ったかによって、その人の運命が左右される場合があるだろう。

良き友、良き配偶者を得るということも大切なことであるが、道を求むる者にとって最も重要なことは、良き師を得ることである。

「良師を得ざれば、学ばざるに如かず」とか、「三年稽古を休んでも良師を探せ」と言われるように、決定的な意味をもっている。

師との出会いがその人の人生を変えると言ってもいい。

昔の剣人達の修行は師を求めての修行と言っていい。あらゆる艱難辛苦をおかしてまでも良き師を求め、良き相手を求めて全国にわたって武者修行をしたものであり、又良き師のいる所には門人も多く集った。

それに比べ、現代は仲々良き師を求めて修行するということが、出来難くなった。自分の意志で良師を探すことの出来る人もいるが、偶然良師にめぐり会うことの出来る例も沢山あるであろう。幸運というべきである。

五十数年の剣道生活を振り返ってみるとき、まことに幸運に恵まれて、良き友人、良き師に会うことが出来て、感謝の気持ちで一杯である。まさに良縁というべきか。

旧制中学では柔剣道が正課になっていて、選択は自由であったので、父の奨めで剣道を選んだ。

先生は水野尾清という方で、京都の武道専門学校第七回の卒業で、当時四十歳位であったろうが、鼻下の美髭のせいか、相当の老大家に見え、古武士の風格があった。

先生の指導方針は基本重視の教育で、一年間は、来る日も来る日も基本と切り返しの連続であった。「早く道具をつけさせてくれないか」とうんざりしたことを覚えている。

その証拠に、県下中等学校の対抗試合に出場しても、大抵一回戦、よくて二回戦までで三回戦まで行った記憶はない。早々に宿舎に引きあげたものだった。

後日譚になるが、昭和四十年五月のある日、東京練馬の拙宅に御夫妻で訪ねて来られて、当時の述懐の中で「試合に勝ったことがないので校長に〝試合に勝つ指導をしろ〟と言われたが、将来のためには今試合に勝つことよりも、基礎を充分やっておくことが大切ということを校長に言った。間違っていなかったよ」。今の人達に聞かしたい言葉である。

先生は又長谷川英信流の居合の達人でもあった。ご来訪当日、千日稽古を立願されてその途中であって、毎日必ず抜いておられたようだ。そんな一日、「上野公園の西郷像に居合を奉納すべく、公園下の交番に許可を願ったが、〝とんでもない〟の一言で拒否されてしまった。そこでお前のことを思い出したので、〝警視庁で剣道の師範をしとる森島は自分の弟子だが〟と言ったら、それでは私が立ち合いますからやって下さいと巡査監視のもとで奉納してきた」と。少しは御恩報じが出来た気持ちになった。

ところが翌年十二月、突然悲報が飛び込んだ。長崎の平戸に在住されておったが、福岡の武道会の納会で居合の演武中に心臓麻痺のため急死された。思うに、千日稽古の無理が祟ったのであろう。七十歳であった。

後日、御子息からの便りにも「剣の道に生涯精通し、最後に居合演武中に倒れたことは、武人であった父にとって誠に本懐ではなかったかと思います」とあった。

まことに羨ましいような亡くなり方である。出来得ることであるならば、武道家は道場で死に度いと思う。最高の死に方と思う。道場という所はそんな所であり、あくまでも神聖な所である。水野尾先生に武道家の死に方を教えて頂いて、それ以後充分気をつけているつもりである。感謝の気持ちをささげて御冥福を祈る。

私の一期一会

昭和十五年と言えば、皇紀二千六百年に当たり、国を挙げての奉祝の祭典が盛大に行なわれた一方、日中戦争も拡大の一途をたどり、戦線も南方へと拡がっていった。御多聞にもれず軍国少年の一人であったので職業軍人を志望したが、剣道ばかりやっていて学力不足で失敗、止むを得ず武道家を志して國士舘に入学することになった。中学校では熱心に稽古に励んだが、生来の不器用さで初段にもなれなかったので、将来の展望もなきまま〝止むを得ず〃ということになった。

そこで又幸運にも良師に会うことが出来た。斎村五郎先生である。先生には学生時代から警視庁を通じ、約十四年間直接御指導を頂いた。先生については天下の大先達であり、その御人格御事績については人口に膾炙《かいしゃ》されているので割愛して、強く印象に残っていることの二、三を記すこととする。

國士舘の朝稽古は年間休み無しで、五時半から七時まで、午後は三時半から五時まで。五時の起床で大急ぎで寮の隣りの道場に出てみると、既に師範室の灯はついていて先生が坐っておられた。雪の日も雨の日も、一日とて変わりなかった。

先生の剣道の指導方針は、切り返し・掛り稽古による基礎訓練が主であったので、入学して一年間は切り返しばかり。二年生になって掛り稽古、三年生になってやっと地稽古をやらしてもらった。

「剣道では心を動かすな。心が動いたら負けと思え。打たれても心が動かねばそれで良い」という指導であったが、学生の我々はその意味がよく判らず〃打たれてどうなるものか〃と反撥したものだが、後年それに気がついて師匠の教えに間違いなかったと畏敬の念を深くしたものである。

たまに稽古願うことがあって、時々まぐれで当たっても、打った方が空しくなる有様で、底の知れぬ先生であった。

警視庁では、持田先生と御一緒で、お互いに「斎村さん、持田さん」と相手を立てられて、常に春風駘蕩たる雰囲気が漂っていて、羨ましいくらいであった。

尚、御二人の先生が十段を固辞されたことにも深く感銘を受けたことをおぼえている。

晩年は病気がちであったが、昭和四十四年三月十三日、入院先の東京共済病院で、夜来の大雪の雪景色を眺め乍ら〝よく降ったなあ〟の一語を残し、心筋梗塞で大往生を遂げられた。

先生には人間の生きざまを教えて頂いた。

斎村先生を語ったら、もう一人の恩師を語らないわけにはいかない。

持田盛二先生である。

昭和二十三年三月、剣道を志して警視庁巡査拝命以来、先生が逝去される昭和四十八年までの二十五年間、警視庁道場は勿論、妙義道場や野間道場で親しく先生の御教えを頂戴した。当時を振り返ってみると、数々の思い出が走馬灯の如く去来する。

〝親を亡くして知る親の恩〟と言われるが、師匠とて同じことが言える。先生の一挙一動が教訓ならざるものはなかった。

持田先生は、剣の強さは勿論のこと、実に人間性が豊かで、剣の道こそ人の道ということを信条とされ、不言実行・率先垂範され、剣の奥義を極められた偉大な剣人であった。

野間道場は今も当時そのままのたたずまいを残しているが、玄関を入ると、今でも奥の師範控室に先生が端坐しておられるような錯覚におそわれ、身の引き締まる思いがする。

正坐を崩されたお姿は一度も見たことがない。

八十四歳まで稽古をなさったが、誰一人打ち込める者はいなかった。若さにまかせて懸っていったものだが、とうとう一本も打ち込めなかった。

船坂弘氏の『昭和の剣聖・持田盛二』という著書の中で、持田先生が小川忠太郎先生に、「剣道は五十歳までは基礎を一所懸命勉強して、自分のものにしなくてはならない。普通基礎というと、初心者のうちに修得してしまったと思っているが、これは大変な間違いであって、そのため基礎を頭の中にしまい込んだままの人が非常に多い。私は剣道の基礎を体で覚えるのに五十年かかった。私の剣道は五十を過ぎてから本当の修行に入った。心で剣道しようとしたからである。

六十歳になると足腰が弱くなる。この弱さを補うのは心である。心を働かして弱点を強くするよう努めた。

七十歳になると身体全体が弱くなる。こんどは心を動かさない修行をした。心が動かなくなれば、相手の心がこちらの鏡に映ってくる。心を静かに動かされないよう努めた。

八十歳になると心は動かなくなった。だが時々雑念が入る。心の中に雑念を入れないように修行している」と語られている。

少し長くなったが、我々の修行の教訓として、又若いこれからの修行者のために、敢えて引用させて頂いた。

ある高名な範士の先生が「持田先生にお願いすると、みんなの技を覚えておられるから打ち込めません」と。先生曰く「そうじゃないよ、私の前に立つとみんなの心が私に映るのですよ」。名人の境地とはまさにこのことをいうのであろう。先生は物欲に恬淡、情誼《じょうぎ》に厚く、謙虚で高潔なお方であった。

このような立派な師についてその謦咳《けいがい》に接し御指導頂いたことは終生の誇りであり、幸運であった。

「道場で死ぬことが出来たら本望」という信条が、剣聖と仰がれた根底にあったのであろう。

次に、剣道家ではないが、数回教えを受けただけで、終生忘れることの出来ない人に、禅僧の澤木興道老師がおられる。

小川忠太郎先生のお話によると、昭和十年から國士舘に師を迎えて坐禅の指導をお願いしたということで、昭和十五年頃も、数回にわたって御指導を頂いた。当時六十歳位であぶらの乗り切った時代で、席の暖まるいともなかったのであろう、おいでになることが出来なくなった。たった数回の出会いで強烈な印象を受けたので、それ以後、禅に興味を持つようになった。

「坐禅をしてもなんにもならん」が口癖で、二口目にはそう言っておられた。その意味が判ったのはそれからずっと後であった。

古武道にも造詣の深い方で、その語録に、『剣道は仮に敵を前にして精一杯の力を尽し、今ぎりの此処ぎりの眞の自己を創造し鍛錬するものである』というのがある。剣道修行者は特に吟味しなければならない言葉と思う。そこで剣と禅が一致することになる。

小川忠太郎先生には、國士舘入学以来約四十年に亘って直接指導を頂いている。先生はその生活すべてが剣ならざるはなく、禅ならざるはない。九十歳の今日も一修行者とし、御精進を続けられている御姿には、心を洗われる思いがする。御生存中でもあり、禿筆をもってしては却って礼を失することになる。

心気力の一致

現在の剣道は竹刀を持って、約束部位を打突して勝敗を争う競技であるが、本来は日本刀を使用しての眞剣勝負に勝つための訓練であったものが、長い歴史の間に於て、学問・道徳・芸術・宗教等の影響をうけて、人間の道へと昇華されたものである。その中でも特に宗教、なかんずく神道と仏教の影響は大きかった。従って、時代が変遷して競技形式で行なうようになった現在でも、剣道が眞剣勝負の訓練としての精神を忘れてはならない。

しかもその間に培われた精神的内容は、世界に誇るべき高度なものであり、日本民族の血が脈々として流れているのである。精神的にも技術的にも、誇り高き日本的日本人を養成するのに適しているのが、その大きな特徴である。

剣道の名人・達人の残された言葉は、血の滲むような厳しい体験の結果得られた眞理の表現であり、哲学でもある。

現在のような乱れた剣道を蘇生させるために、それらの言葉の中から一つを選んで検討してみることも意義のあることと思われる。

〝心気力の一致〟という教えがある。これは剣道最高の概念であり、極意である。

心とは精神作用の静的方面であり、知覚し、判断し、思慮分別するものである。気とは、心と技との基調となって心技を一体にして発動させる原動力となる精神力・生命力をいう。即ち、気は心の判断に従って外部の動作に現れるものであり、気は心にひきいられて、心の命令に従って活動する精神作用の動的面である。力とは身体の力であり、気の通うところに随って生ずるものである。即ち技である。

心気力の一致とは、或る刺撃に対し、心の直感で知覚判断されたものが、直ちに精神の働きにより、技に表現される。しかも、この三つが瞬間即一的に行なわれることをいう。

心気力の一致ということは、言うは易く行なうは至難の業である。常に心気力の一致の打突の出来る人を名人という。これは技術上の最高の目標であり、剣道における人間形成最終の目標でもある。

これを実現させる具体的方法は、「初太刀を許すな」の一語に尽きる。

眞剣勝負に二本目はない。常に眞剣勝負のつもりで、いやしくも気を抜くような稽古をしてはならない。一度逃した機会は再び巡ってはこない。

心気を錬るのに先人達は、静坐瞑想によって胆を錬った。胆を錬るということは、呼吸を錬ることに通ずる。剣道の呼吸は、〝長呼気丹田呼吸〟である。併せて数息観を行なう。剣道ではこの呼吸が最も大事なことで、呼吸を整えることによって他の要素も充実してくると言われている。

隈元実道著『武道教範』によると、

心は、鏡の照映する如き、

気は、玉の充満する如き、

力は、器の利用する如き、と説いている。

人間形成であるべき剣道が、試合に勝つだけのものであったり、段を取るためだけのものであってはならないのである。

〝剣道の理念〟や〝剣道修錬の心構え〟を空念仏化してはならない。

昭和天皇の御大葬や、今上天皇の御即位並びに大嘗祭に示された国民の反応はどうだったのか。憲法に定められた政教分離を盾に反対する左翼政党や、一部キリスト教徒、偏向マスコミに踊らされた一般大衆等が、日本の輝かしい伝統や文化を破壊し去っているではないか。愛国心や何処に、と言いたい。

湾岸戦争への貢献策又然り。平和憲法（？）があれば紛争は起きないという国際感覚の政党女党首と、これに類する一般大衆。

かつて占領軍司令官マッカーサー元帥は、日本人の精神年齢は十二歳といった。今彼が生きていたら何と言うだろう。

二度と繰り返すことの出来ない人生、剣道発展のため総力をあげなければならない。


（「剣道時代」平成三年四月号掲載）

四、本質から外れたら剣道は自滅する

剣の理法の修錬

数年前の或る日、九州に住む剣友から一通の封書が届いた。その主旨は、剣道を武道剣道とスポーツ剣道に別けたらどうだろう、君の意見はどうだ、というものであった。

又最近になって、全剣連制定の〝剣道の理念〟を否定する論説をする人も出てきた。

実際に現在の剣道が、勝利主義・段取り主義に堕してしまったことは事実のようだ。理念制定の趣旨を今一度確認しておく必要を痛感するのは、筆者一人ではあるまい。

本質とは何か‼

〝それが無いと、それにならないもの〟即ち、剣の理法の修錬が無いと剣道にならないところの〝剣の理法の修錬〟が剣道の本質ということが出来るだろう。

更に、この本質の修錬によって人格の向上を目指すのが剣道の目的であることはいうまでもないことである。

剣道の捉え方によって、その修行稽古の方法が異なってくる。剣道の本質や歴史伝統から考えても、その技術は武技の鍛錬としての刀法を基準として研究しなければならない。即ち、竹刀剣道は、競技方式によって、剣道の本質に迫ろうという稽古法であるということが出来る。

高野佐三郎先生は、「剣道を学べば、精神の鍛錬も出来ると思うのは間違いである。精神を鍛錬しようとするならば、特にその心懸けで精神的修養の法を講じなければならない。精神の修養と剣の修行と相並んで行く事が大切である」と述べておられる。所謂〝事理一致の修行〟をしなさいということである。

古来、良師に就くことが剣道上達の第一要件とされている。〝良師に就かざれば、学ばざるに如かず〟とまで言われている。

次に大事なことは、うんと稽古することである。剣道は頭で覚えるのではなく、体で覚えるものであるからである。

〝剣道の修行は平凡なことの繰り返しである〟ということが出来る。

稽古の方法には、その発達段階によって種々あるが、先ず基礎を身に付けること。この基礎が大変難しいことで、持田先生が「私は剣道の基礎を体で覚えるのに五十年かかった」

と言われる程のものである。吾々凡人には一生かかっても出来ることではあるまい。気・剣・体一致の修錬が、基礎の基礎たるものと信ずる。

初太刀を許すな

次に、剣道の課題は、打たれずに打つことである。剣道から勝敗を除いたら剣道は成り立たない。只の棒振りである。結局試合に於いて如何に立派に勝つか、又如何に立派な稽古をするかが問題で、而も剣道の目的に結び付くかが大きな課題である。

その目的を遂げるための心構え・方法が、所謂〝初太刀を許すな〟という先人の訓えである。誰とやっても、最初の一太刀は許すなということであるが、それこそ至難の業で、失敗の連続であろう。よくよく工夫すべし、よくよく吟味すべしの武蔵の言葉が生きてくるようだ。そしてたどり着くのが「心・気・力の一致」という境涯である。

全人格を打ち込み、心気力を一体として精進するこの道の修錬が、即ち人間形成と言われるものである。

この心気力の一致が剣道最高の概念であり、極意でもある。我々の目指す剣道もここでなくてはならないと思う。剣道の修行は一生と言われる所以である。

ついでに、このために欠かすことの出来ないのが呼吸法。剣道の呼吸は〝長呼気丹田呼吸〟と言われ、剣道の中核を為すものであるから、〝よくよく鍛錬すべし〟である。

「剣道は仮に敵を前にして精一杯の力を尽し、今ぎりの此処ぎりの眞の自己を創造し鍛錬するものである」（澤木興道老師）

（「剣道時代」平成五年二月号掲載）

五、初太刀一本にすべてを調和させる

石火の機

いつの頃からか記憶が定かでないが、高校の試合で、胴打ちを防ぐ手法として左拳を高く上げ、剣先を逆に右下に下げて胴を防ぐことが流行し、恰も燎原の火の如く全国を席捲した。その弊害が大学・警察はもとより、一般の試合に蔓延した。

恐らく試合に勝つためだけの手法として、指導者が考案した方策であったろう。防御するだけであれば確かに巧妙な手段であるが、そのために剣道に与えた影響はどうであったろうか!!

元来日本の剣道は攻撃が主であるべきものが、逆に防御が主になってしまったように感じられる。

◉

今回編集部から、〝懸待一致〟について記述を求められ、先ず脳裏に浮かんだのが、右の変則防御法であった。

これを矯正するためには、指導者が剣道について正しい認識をもって、剣道の向上発展を希う情熱を持ってもらいたいと思う。

『高野佐三郎剣道遺稿集』によれば、

「日本剣道には防御と云うものがない。攻撃を以て最大の防御とされているのである。それでは敵から打ち込んで来る太刀先を躱《かわ》し、切り落とし、あるいは受け流すのは防御ではないかと云われるが、結局はその中から敵を撃ち、あるいは突く為に、今申し上げた先を取る為の方法なのであって、切り落とした時は既に敵を斬っておらねばならないのであって、その間、寸隙《すんげき》を許さないのである。石火の機と云うことを剣道ではよく云うが、石と石とを打ち当てると火を発する。石を打ち当てるのと火を発すのと、いずれが速いか、その速度は解らぬくらい速いもので、敵の太刀を切り落とすなり受け流すなりしたときは、それより速く機先を把《つか》んで敵を倒して居らねばならないのである。ゆえに剣道の勝ちは、先の第一に挙げた先々の先によって機先を制し、猛烈果敢なる攻撃に出で、敵に施す術を与えず、圧倒的に之を粉砕するのが勝ちの上乗なるものである」と。

これは石火の機について述べられた文章であるが、この石火の機こそが懸待一致の要諦と考えられる。

〝打つ太刀は守る太刀、守る太刀は打つ太刀〟という訓えもある。

懸待一致について、高野先生の『剣道』では、

「受くるも張るも、摺り上ぐるも切落すも、同時に撃つ太刀、突く太刀ならざるべからず。撃つ太刀、突く太刀は又取りも直さず防ぐ太刀となる。防禦は攻撃の為にして、攻撃はおのづから防禦となるなり。懸るに専らなれば、我が起りに先んじて敵より撃たるれば、之に応ずる能はずして、撃たるるか、相撃ちとなるの外なかるべく、待つに専らなれば全く我が太刀は死太刀となる。懸る中に待ちあり待つ中に懸りあり、懸待一致して遂に懸もなく待もなき境に到らんことを努むべし。これ懸中待待中懸の教えなり。茲に到らざれば敵に応じて変化し勝を得るの至妙に達すること能はず」とあり、これ以上の説明を要しないが、理論として頭では解っていても、それだけでは実際の役には立たない。剣道は千鍛万錬して体で覚えるほか途はないのである。百錬自得と言われる所以である。

先人の訓え

非才を顧みず、その方策を先人の訓えの中に探ってみよう。

先ず剣道は武道であるということを認識することである。その受け取り方によって修行の方法が異なってくる。剣道の本質は〝剣の理法の修錬〟であって、〝剣〟を措いては剣道は成立しない。従って竹刀は刀という観念、これが根底になくてはならない。眞剣勝負には二本目はない。初太刀一本に尽きる。

極限状態の中にあっても曇ることのない明境の如き心こそ、我々の剣道によって求める心でなければならないからである。

現代剣道は竹刀による競技方式によって、剣道の本質に迫ろうとするものであるから難しい。

従って平素の稽古に於ても、常に初太刀は許さぬという眞剣さがなくてはならない。尚初太刀一本の中に、剣道の要素が全部入っている。気剣体一致も、心気力の一致も、懸待一致その他のもの全部が調和されている。そうでなければ初太刀一本で相手を倒すことは出来ない。総べての要素が心気力の一致に凝集されてはじめて初太刀一本が功を奏する。洵に至難の業であるが、我々はそこを理想として修行しなければ、終生剣道の何たるかも解らないだろうし、剣道の理念も眞に理解することは出来ないであろう。

小川忠太郎先生はそこのところを、「初太刀一本、千本の価値」と喝破された。洵に名言というべきか。

我々では平素の稽古で初太刀一本は失敗の連続であろうが、初太刀一本を心掛けて稽古を続けてゆけば、至らずと雖も、心技共に向上してゆくものと考える。

結局、心気力の一致こそ剣道究極の課題、剣道最高の概念、極意であると信ずる。

「夙ニ香取大神ノ稜威ヲ崇仰シテ梅木山不断所ノ毘沙門堂ニ参籠シ、毎夜斎戒沐浴神前ニ詣リ、祈願ヲ凝シ、木刀ヲ揮ツテ博撃変身ノ技ヲ演ジ、心胆ヲ錬磨スルコト一千日、竟ニ神人一如ノ秘法ヲ悟得タリ。……」

右の文章は飯篠長威斎碑文の一節である。

夜は神前に端坐冥想して心胆を錬り、昼間は木刀を揮って技の工夫をし、ついに神人一

九十歳を越えても全剣連の合同稽古に出席された小川忠太郎範士

如の境地に達して秘法を創立された。

神前に参籠したり、禅に帰依して坐禅によって心気を錬る修行を先人達は実行した。参籠にしろ坐禅のいずれにしても、端坐冥想して呼吸を錬り、その心境が神の位に達したとき、平素錬磨した技に或るひらめき（霊感）があって、新境地を開拓されていったのである。

現代用語では、これを心気力の一致ということが出来る。

剣道の名人達人といわれる先人達が、我々の想像を越えた修行によって開拓された教訓を、日本剣道将来の発展のために服膺することは、極めて意義のあることと思う。

呼吸を識る

剣道では、呼吸と姿勢はその根幹をなすものであるから、未熟乍ら述べてみたい。

呼吸と姿勢は一体であるから別々に説明し難いが、先ず呼吸について。

剣道で〝呼吸を識る〟ということは、物事を行なうときの勘どころを指すけれども、そ

剣道の構造

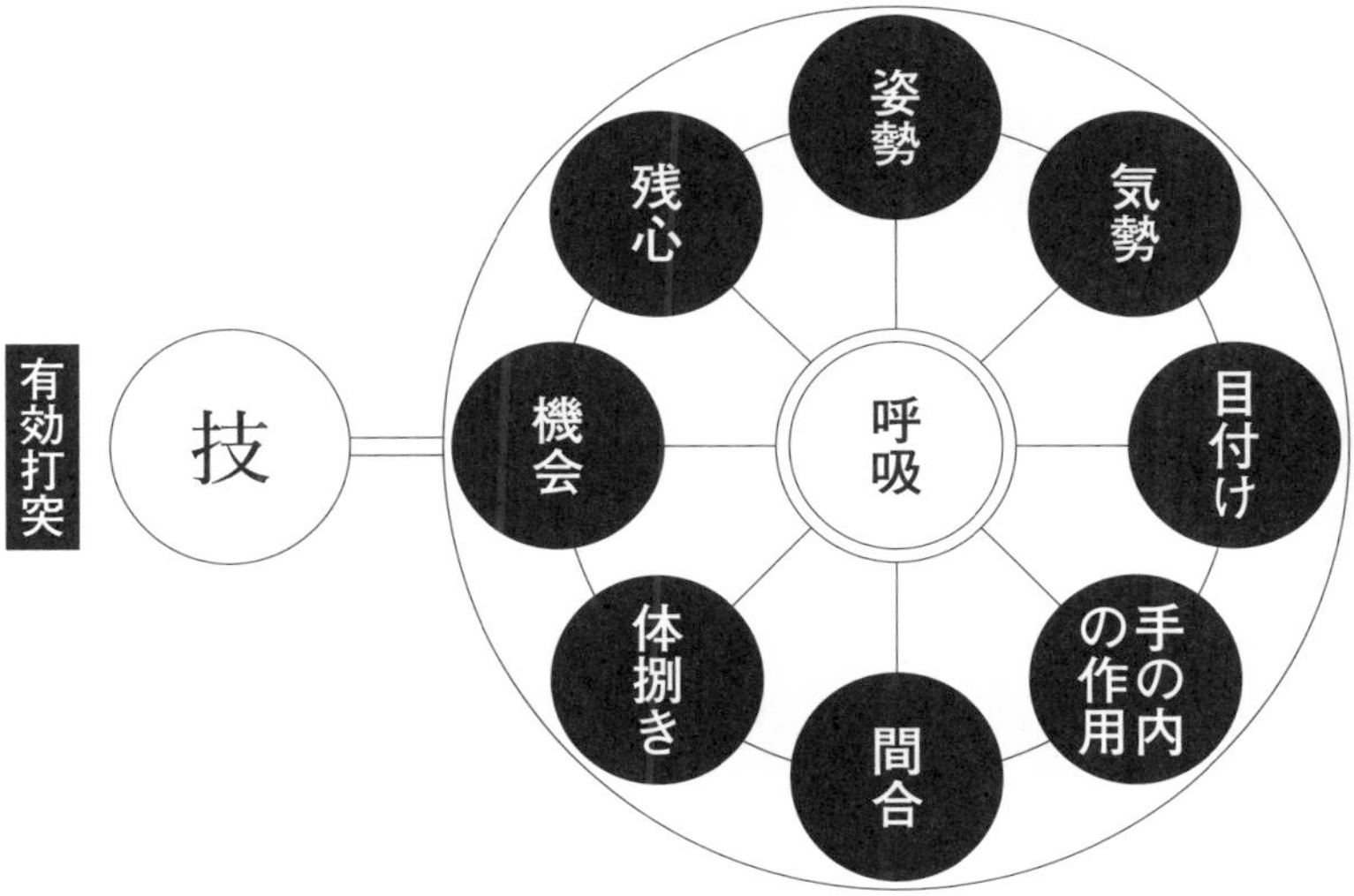

心気力の一致と人間形成

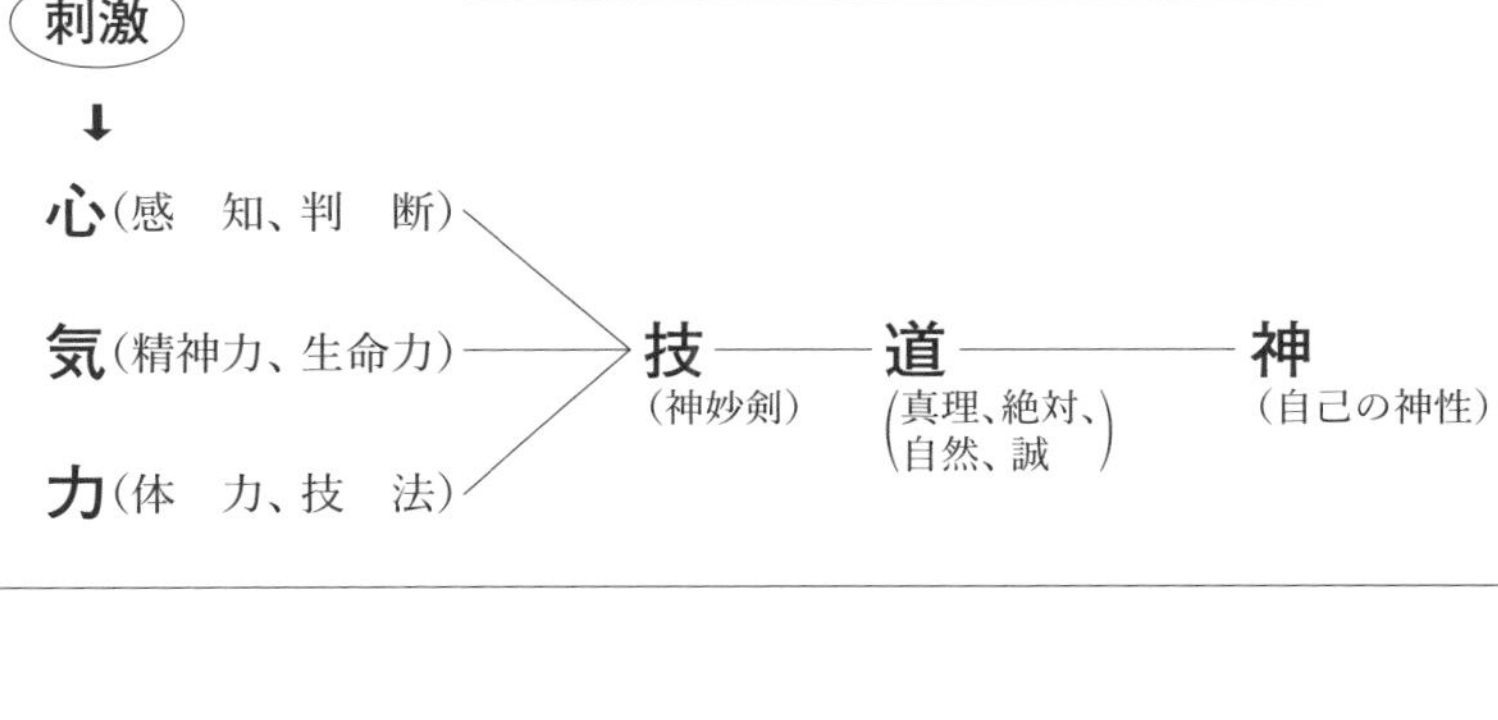

の源は〝息を吸う、吐く〟の所謂〝呼吸〟に結びついている。ここでは、吸う吐くの呼吸のことである。

呼吸は自然呼吸（無意識呼吸のことで、通常我々がやっている呼吸）と努力呼吸（意識呼吸）とがある。剣道の呼吸は「長呼気丹田呼吸」といわれる努力呼吸である。

字の如く、呼く息を長く、吸う息を短く、而も細く、長く、静かに丹田で行なう呼吸である。荘子の有名な言葉に、「眞人の息は踵を以てし、衆人の息は喉を以てする」とある。

長呼気丹田呼吸を

㈠運動心理学的効果

㈡剣道術理的効果

の二つの観点から考察してみよう。

我々は試合に臨んで、あがらないで試合をしたいというのは、誰しも望むところであろう。それくらいあがらないということは難しいことである。

自律神経の中枢が太陽叢といって、季肋部の背後にあり、丹田呼吸によって横隔膜が大きく上下して太陽叢が刺激され、自律神経の働きが盛んになり、精神統一が容易になる。

丹田呼吸が身心の調和に極めて良い効果をあげるのはこの理由による。情緒が動けば呼吸が変わり、呼吸が変われば情緒が動くといわれる。無心とか不動心の境涯を得るために、古来坐禅や静坐による冥想が行なわれてきたのはこんな理由による。剣道の心を一口に言えば、無心ということが出来る。無心とは何も無いということではなく、分別心を無くすこと。是非の分別が無くて、而も是非を知り得る心をいう。無心だから相手の動静が、心の鏡に映る。

尚〝息は気なり〟という。気は知識や頭からは出てこない。丹田呼吸によって胆から出る。従って、心気を錬るとは、呼吸を錬るという謂《いい》に外ならない。人間は呼吸によって宇宙エネルギーを体内に吸収して、人体のエネルギーに替えて生存し、又活動しているからである。

次に剣道術理と呼吸の関係をみてみよう。

剣道では、呼吸法を会得することは、術理上から言っても極めて重要なことで、〝相手の呼吸を盗め〟といわれるくらい、勝敗に強い影響がある。

佐藤通次氏によれば、「吸気は呼気の緊張に対しては、いわば弛緩であるから、なるべく短い時間に行わるべきである。ただし、その弛緩は全くの弛緩であってはならず、緊張に支えられた弛緩でなくてはならぬ」と。

呼く息は実であり、吸う息は虚であるから、実である呼く息を長くし、虚である吸う息を短くして、相手に隙を与えないようにするのは、当然の理であろう。

剣道の動作は呼気とともに行なわれる。呼気のときは能動の構えとなり、即ち実であり、吸気は虚となる。

右の道理からして、攻めるも呼気で攻める方が隙が無く、相手に乗ぜられなくなる。

呼吸をはかるということは、身心の統一状態をはかることで、呼吸が乱るれば身心の統一状態が乱れる。結論として、剣道は呼吸の乱し競べであって、早く呼吸を乱した方が負けということになる。

呼吸の鍛錬法としては、坐禅（これは単なる呼吸法や健康法ではない）や静坐法があり、稽古の中では切り返しや掛り稽古、剣道形の修錬によって会得出来る。

姿と勢

正しい姿勢が技術の基礎であり、この姿勢から正しい技が生まれ、品位も加わり、心も安定し、威厳も養うことが出来る。

姿勢には、静的姿勢と動的姿勢があって、動静一如と言われるように別々のものではなく、静は動に、動は静に直ちに移行出来る姿勢でなくてはならない。

姿勢の二字は、姿と勢から成っていて、姿は外相で勢は内実であり、この二つは丹田呼吸によって一つに纏められ、はじめて生きた姿勢になる。

独楽《こま》が眞直ぐに立って勢い良く回っている時は、止まっているように見える。回る勢いが減ると独楽は倒れる。勢い良く回っている状態が、静中動、動中静の理想的姿勢である。従って良い姿勢とは自然体であって、剣道では中段の構えが自然体である。

自然体とは、体の中心と重心が一致した状態と言われる。その一致点が丹田である。

丹田とは生理学的に存在するものではなく、腹式呼吸によって自ら自覚するより方法はない。剣道ではよく〝腹に息を収めよ〟と言われるが、それによって体の上虚下実と言って、力学的に安定した姿勢が得られ、而も精神的には集中力・直感力・胆力・平常心・気位が修得出来る。

東洋ではこれを〝身心一如〟と言っている。

稽古の前の静坐は、姿勢を整え、呼吸を整え、心を整える（数息観）ことで身心一如で全体が充実してくる。この状態で立って竹刀を持てば、これが剣道の構えになる。

剣道の技は、平素の千鍛万錬の稽古において体に覚えさせておけば、変に応じ機に臨んで、心気力の一致を可能にすることが出来るのではなかろうか。

〝初太刀一本〟で日本の剣道は変わる。

（「剣道時代」平成五年六月号掲載）

六、打たれなくとも、心が動いたら負けと思え

師匠との出遭い

「柔道やるなら学校へ行くな」

父の痛烈な一喝を喰ったのは、旧制中学へ入学直後のことであった。比較的背も高く、体格も普通より良かったので、柔道の先生の目にとまり、勧誘されたので承諾してしまった。当時中学校では、剣道・柔道は正課になっていて、どちらかにするのは本人の希望であった。自分としてはどちらでも良かったが、柔道の先生から声がかかったので、柔道をやる気になっただけのことであった。

早速家に帰って事の経緯を父に話したところ、前記の一喝となったのである。学校へやってもらえぬなら元も子も無くなるし、もともと柔道が好きということでもなかったので、先生には前言を謝って剣道をやることになったのである。

田舎の百姓親爺で、剣道や柔道には何の知識もある筈もなく、平素は小言一つ言ったこともなかった父が、何故柔道は駄目と言ったのか。本人も言わなかったし聞きもしなかったので、その真相は判らない。何か期するところがあったのであろう。

理由は何であれ、あの一喝で、以来五十数年に及ぶ剣道人生が始まったのであるから、自分にとっては最も意義のある出来事であった。

師匠は選べるものの、親を選ぶことは出来ない道理であるが、あの一喝で自分の人生が変わったものになったかも判らないので、今となっては父に感謝している。生きていたら何と言うか!!

父の一言が剣道専門家の途への切っ掛けとなったのであるから、蛇足を加えた次第。

人との出遭いは、その人の人生に重大な意味を持つ場合が多いと考えられるが、まして師匠との出遭いは決定的である。

柳生流の口伝に〝三磨の位〟といって、剣道上達のための秘伝がある。その第一は良い先生に就くこと。第二は一所懸命すること。第三は、絶えず研究工夫を怠らぬこと。この中の一つでも怠ると、修行は成就出来ないという意味である。

〝良師を得ざれば、学ばざるに如かず〟とか、〝三年稽古を休んでも良師を探せ〟と言われるのは、指導者が如何に重要な意味を持つものであるかを教えたものである。

昔は道場稽古が主であったため、師匠選びは可能であったし、途中で師匠を代えることも出来たろうが、現在の学校剣道でそれが可能かどうか。全く不可能とは言えないまでも、その途は狭くなっていると考えられる。

指導者の責任は、まさに重大と言わざるを得ない。

自分の場合は先ず学校を選んだ。選んだというより、行かざるを得なかったということが当たっているようだ。

ただ行く先々の学校や職場に、素晴らしい先生がおられたということであり、洵に幸運の一語に尽きる。感謝に堪えない。

師弟同行（旧制中学時代）

旧制中学では剣道・柔道が正課になっていたので、前記の通り、父の一言で剣道を選んだ。

最初はそれほど興味も無かったが、先生の指導を受けているうちに、段々と剣道にのめり込んでいった。

「今、君達は試合に勝たなくてもいい。将来、立派に伸びるためには、今のうちに基本をしっかりやっておくべきだ」というのが先生の指導方針で、それは在学五年間一貫していて変わることはなかった。

その先生こそ我が恩師、水野尾清先生その人である。

先生は長崎平戸の名門の御出身で、大正十年、武道専門学校の卒業生であった。

武道専門学校では、内藤高治先生も御健在で、直接内藤式の教育を受けられ、それを又我々に授けられたものと思われる。

正課授業は一、二年次が基本・打ち込み稽古、三年次以降になって地稽古も加わった。

課外稽古は毎日地稽古が主体で、先生自ら元に立たれ、終了後は流汗淋漓、滴る汗を拭き拭き出欠をとられる御姿が、今も脳裡を離れない。師弟同行ということを身をもって教えて頂いた。

そんな指導方針であったためか試合は不得手で、県下中等学校剣道大会では、大抵一回戦か、よくて二回戦までで、三回戦に行った記憶はない。

我々生徒はそれで納得していたものの、不服なのは校長先生で、「もっと試合に勝つ指

中学時代の恩師、水野尾清先生

導をしてはどうか」と。「いや、生徒達の将来のためには試合に勝てなくても、今のうちは基礎が大事です」と、その信念を曲げられることはなかった。

「俺の指導は間違っていなかった」とは、先生の晩年（昭和四十年、七十歳）、東京の拙宅に一泊された時の述懐である。

然るに翌年十二月、福岡の居合道納会で、居合を抜きながら突然、心臓麻痺で急逝されたことは、痛恨の極みであった。また反面、武人としての本懐を遂げられたのではなかろうかと羨ましくも思ったものだ。

合掌

試合は以上の如くであったが、昇段審査も又うまくなかった。五年間勉強はしないで剣道に熱中したが、生来愚鈍のためか、とうとう初段に合格出来なかった。

仕方なく國士舘専門学校に進学するというので、先生が京都武徳会に推薦して初段を取って頂いた。

以上がだいたい中学時代に受けた指導であるが、一番大事な時期に良師に遭ったことは、いくら感謝しても感謝し尽くせるものではない。

試合偏重が叫ばれて久しく、関係方面でも改善に躍起だが、一向に成果が見られないのは、洵に残念至極である。

せっかくの剣道理念も口に叫ぶだけで、まさに死文化してしまったのが現状ではなかろうか。

日本剣道の為、憂慮に堪えない。

原因は単純ではない。種々原因が複合して今日の事態を招いたものであるから、そう簡単に改善されるものではあるまい。

この儘では剣道人口は減る一方で、将来への展望は開けそうにない。

ここで指導者が、眞に日本剣道将来のために大死一番、「剣道の理念」達成のために、意識改革を徹底してもらいたいと思う。

〝何を戯言言うか、試合に負けて何の理念ぞ〟という声が、あちこちから聞こえてきそうな気がする。

試合が駄目と言っているのではない。試合偏重を改めてもらいたいと言っているのである。

要は、剣道の理念に基づいて、立派な指導をしてもらいたいと念願する次第である。

もう一つ残された手段は、審判技術の向上であろう。

審判が公正適格に行なわれたなら、自然に試合も良くなるし、試合が良くなれば剣道自体が良くなる道理である。

然し、これとてそう簡単に解決する問題とは考えられない。

これも駄目なら、日本剣道の再生は絶望的になってくるだろう。

打たれなくとも心が動いたら負けと思え（専門学校時代）

昭和十五年、推薦初段を提げて國士舘専門学校に入学した。約五十名の入学者中、三段が七名、初段が二名でその他は二段ばかり。

さてどうしたものか、彼等と同じことをやっていては何時まで経ってもビリ。そこで考えついたのが消灯後かくれて道場に出て日本刀の素振りをやることだった。

昭和十八年九月の卒業時には、五十名だったのが約半数に減っていた。いかに稽古が激しかったかが窺われる。

教授陣は、斎村五郎先生を筆頭に、岡野亦一、小野十生、小川忠太郎、小城満睦、堀口清といった諸先生であった。

斎村先生が内藤高治先生の門下であったため、その指導も内藤方式を踏襲されて、一年次は切り返し、二年次は掛り稽古、三年次になって地稽古が許されたという想像を絶する猛稽古の連続であった。

四年間を通じて、正しい切り返しと掛り稽古以外、技を教わった記憶はない。自得する以外なかった。

昔の先生方は口ではあまり教えられず、手が悪ければ手を、足が悪ければ足を叩くだけで、どう悪いかは言ってもらえず、自分で工夫する以外なかった。

斎村先生の講話など聞いたことはなかったように思う。今の指導は少し教え過ぎのような気がする。

斎村先生の教えの中で一つだけ、今も鮮明に憶えていることは、「打たれなくとも、心が動いたら負けと思え」ということである。

当時学生の我々にその眞意が判る筈もなく、大いに疑問をもったものである。今考えてみるとこの言葉は、我々剣道家に与えられた永遠の課題ではなかろうか。

京都時代は、楠正位先生、剣道の内藤高治先生という正師を得られ、南禅寺僧堂で南針軒河野霧海老師の鉗鎚《けんつい》を受けられ、尚貧乏と病を自家薬籠のものとされ、後年の大器を成されたものと思う。

不動心とか、生の肯定という境地は、言うは易く到達は至難であろう。ただ観念や知識としては理解出来ても、簡単に覚触出来る底のものではない。

「不動智神妙録

諸佛不動智

不動智とは申す事は、『うごかず』という文字にて候、智は智慧の智にて候、不動と申し候ても、石か木かのやうに無性なる義理にてはなく候、向ふへも、左へも右へも、十方八方へ心は動きたきやうに動きながら、卒度も止らぬ心を不動智と申し候」

この不動智について、鎌田茂雄氏は次のように解説している。

「沢庵が極め尽くした禅は無心です。無心とは心をどこにもとどめることなく、全身全体を心とすることです。心を少しでもとどめるとそこに隙《すき》が生まれます。その隙に向って太刀が打ちこまれます。心のとどまることが迷いなのです。少しでも心に迷いが生じるとき、そこに隙が生まれます。兵法者はその隙につけていることに命をかけるのです。全身全霊を無心になり切るとき、こちらは寸分の隙もなくなります。この隙のない当体を不動智と呼んでおります。この不動智を体得すれば電光石火、無礙《げ》自在、神妙不可思議の用《はたら》きが生まれます。無心の用きとは、不動智神妙の用きなのです」

斎村先生はこれを平易な言葉で我々に教えて下さったのである。

かつて斎村先生が、実力派の九段の先生との稽古で、何もしないまま道場の隅まで追い込み、それを二回繰り返し最後に面一本という情景に舌を巻いた記憶がある。

『斎村五郎の遺稿と想い出』の中で、

「剣道の稽古は相手を攻める。そこを打たれても気分と切っ先とが少しも崩れなければよいのである。この修行をするのである。試合においても然《しか》り。打ち合いではない。心が動くか動かぬかの試験である。技は結果である。それを勝とう、負けまいとすると、勝敗に捉《とら》われ肝心の自分がお留守になってしまう。然しこれは理屈であって実行は困難である」と。

持田盛二先生もその遺稿の中で、

「七十歳になると身体全体が弱くなる。こんどは心を動かさない修行をした。心が動かなくなれば、相手の心がこちらの鏡に映ってくる。心を静かに動かされないよう努めた。八十歳になると心は動かなくなった。だが時々雑念が入る。心の中に雑念を入れないように修行している」

名人の境地とはこのことをいうのであろう。両先生の言われることは、期せずして一致する。

名人とは90％の汗と、10％の霊感と言われる。技術が本能的なまでに熟練されて、実際（試合）の場合に思慮分別が働かなければいいのである。即ち無心になればいいのであって、剣道では〝心気力の一致〟という。

剣道の目指す人間形成とは、この心気力の一致の修錬によって達成出来るものであろう。

先生は、こよなく酒を愛された。あの慈父の如き御顔が懐かしい。

〝生も無き死もなき春に屠蘇《とそ》祝う〟

斎村先生享年八十二歳

正念相続（警視庁時代）

昭和二十三年三月、警視庁巡査を拝命して警視庁に奉職することになった。警視庁には、斎村先生、持田先生がおられ、ここでも又立派な先生方に御指導を仰ぐ幸運に浴することが出来た。

小川忠太郎先生は、昭和二十八年に警視庁剣道師範に就任されたため、ここで再び先生の御指導を仰ぐことになった。

先生には、國士舘入学から平成四年一月二十九日の御逝去まで、都合約四十年間に亘り、親身の御指導を賜わり、最高の幸運を頂いた。

あまりにも身近にいたために多少の甘えもあり、尚且つ、いつでも教えてもらえるという安心もあって、大事なことを聞き洩らしたような後悔の念にかられている昨今である。

然し、口で教えてもらえなくても、日常生活における先生の一挙手一投足が、教訓ならざるものはなかった。

稽古が終わると後ろからトントンと肩をつっつく者がいる。振り返ってみると先生で、ただ一言〝怠けてるな〟。何もかも見透かしであった。以前から一日一炷香を命ぜられていたにも拘《かかわ》らず横着していると、先生に見破られてハッとしたものである。忘れもしない。それは昭和四十七年六月の全剣連創立二十周年記念全国選抜八段戦のときのことである。二年前に十二指腸潰瘍《かいよう》で胃の切除手術を受けて、体調も快復しておらず、稽古不足のまま出場した。三回戦までやっとのことで勝ち抜いたものの、その後は強豪ばかり。どうしたものかと控え室で思案しているところへ小川先生が入ってこられ、これもただ一言、「両手突の届くところへ入れ」と言ったまま立ち去られた。さて、どういうことだろう。まさか両手突で突けということではあるまい。咄嗟《とっさ》に自分なりの解釈をした。「お前はまだ勝敗に拘《こだわ》っているぞ。捨てて両手突の届く敵の間に入れ」と。その瞬間、肩の力が抜けて、暗雲が晴れたような気持ちで戦うことが出来た。師の一言をこれほど重く感じたことは、後にも先にもなかった。

昭和三十年十月、警視庁剣道教師に就任して間もない或る日、「森島さん、これからは一人になっても淋しくない修行をしなさい」と言われた。何のことかさっぱり判らぬ。

禅の公案をもらったような心境で、毎日毎日そのことが頭から離れない。間違って解釈したら大変なことになるぞという認識はあるものの、先生の求められている眞意が判らず数年経った。

或る年の三月、明治大学剣道部の合宿を、羽衣の松で有名な三保の松原近くで行なった。学生がトレーニングに出る前の午前五時。夜来の雨もあがったので浜辺へ急いだ。浜辺に打ち寄せる駿河湾の波の音を右にしながら、ホッと立ち止まって周囲の光景に気がついた。

左には緑の松原越しに雪を頂く霊峰富士が、四海を圧するが如く聳え立ち、右には広々とした駿河湾の波が光り、空を仰げば取り残されたように残月が中天に懸り、遙か正面には伊豆の山景がかすみ、その山上から眞っ赤な太陽が物凄い迫力で昇る光景に接した時、全身に電流が走ったような衝撃に、一瞬茫然となった。

厳粛というか荘厳というか、大自然の威容、宇宙の調和の前に我を忘れてしまった。

神とはこれか！

常々小川先生に教えて頂いていた〝天地と我と同根〟〝自他不二〟を実感として捉えるこ

との出来た一瞬であった。

また先生は「当たり前のことを当たり前にやれ」とも言われた。言葉は簡単であるが、これくらい難しいことはないだろう。この公案は生涯の課題になるだろう。

至道《しどう》無難《むなん》禅師の道歌に

生き乍《なが》ら死人《しびと》となりてなり果てて
　思いのままになすわざぞよき

死人になりてということは、命も地位も名誉も金も、総べて投げ捨ててというほどの意味であろう。

無縁の慈悲ということも教えて頂いた。

若き日の日蓮が、悟りを開いたと思った或る冬の日、街を歩いていた。ふと橋の下を見ると一人の乞食が寒さに震えていた。それを見た日蓮は着ている衣を脱いで、それを乞食に与えた。貰った乞食は日蓮の顔を一寸見ただけで黙って礼も言わなかった。そこで日蓮「お前は人から物を貰って礼も言わぬのか」と。「和尚さん、あんたは礼を言ってもらいたいために物をくれたのか」と言われた日蓮、そこで本当に悟ったということである。

日常の生活を通じて、無言のうちにそれを教えて頂いた。

一人になっても淋しくないことも、当たり前のことを当たり前にやることも又、無縁の慈悲も根は同じで、〝無心〟ということだろう。

先生は、それを〝正念相続〟と言われた。

地下鉄九段下駅から日本武道館へ上る階段は百三段ある。脇にはエスカレーターが動いている。「先生、エスカレーターに乗りましょう」「俺は自分の体力を試しているのだ」と、一段一段時間をかけて登られる様子を見て、こちらが恥かしくなった。

平成三年九月の全剣連合同稽古は、先生にとって最後となり、それ以後先生の稽古は拝見出来なくなってしまった。

その少し以前のこと。お年でもあり、一日も長く生きていてもらいたい弟子の念願から、稽古を加減して下さいと申し上げたところ、「俺は正念相続が出来るか出来ないか試しているのだ」。これには脱帽の外はなかった。

先生の遺偈《ゆいげ》は
〝忽然念起名為無明

念々正念名為悟

老病に対し遊山の境涯〃と。

後日、香川の森川竜一先生に教えて頂いた。

小川先生は病気をされても、病院には行かれなかった。最期の時も御家族の看病が大変と思い、伊藤元明先生に入院を勧めて頂いていたが、後日伊藤先生が申されるには、入院の準備を万端整えてみたが、さてと考えてみると、小川先生は自宅の病床が道場で、目下修行の真っ最中と思ったのでそのままにしたのであると。

長年に亘り日夜小川先生に接し、先生の心情を熟知されている伊藤先生の炯眼《けいがん》には敬服するばかりであった。

平成四年一月二十九日御逝去　九十一歳

我が胸に剣道理念抱きしめて
死に行く今日ぞ楽しかりける

先生の生涯はまさにこの辞世の如く、剣道の理念の実践と普及に捧げられたものであった。

来年は、全剣連が剣道の理念を制定して二十周年に当たる。

我々は、剣道の理念に生涯を捧げられた先人方の遺徳を偲びつつ、その実践と普及に努めることが、報恩の道と考え、決意を新たにしなければならない。

剣道の理念は、人間を幸福にし、高貴な存在にするものであり、我々がこの為に一生を賭けてもいいだけの価値あるものと信ずる次第である。

（「剣道時代」平成六年十月号掲載）

七、初太刀一本が剣道の生命

立派な剣道を後世に遺す責任

〝日本の剣道は将来遊芸として残るだろう〟と言ったのは或る大学教授で、今から約四十年も前のことだったと記憶している。

スポーツ剣道として再発足して間もない頃のことであったので、剣道の将来を予見しての発言であったろうが、眞意はわからない。

果して日本剣道の現状はどうであろうか。

昭和五十年に全剣連によって、「剣道の理念」が制定された。約三年間に亘って慎重審議を要したもので、剣道の本質から修行の心得に至るまで将来共に守るべき大道が示されていると思う。

そもそも日本剣道は長い歴史と伝統を持っている。古く我々の祖先によって創造され、日本民族の長い歴史の中にあって独自の発展を遂げたものである。

大東亜戦争の敗戦によって剣道が禁止され、漸くにして再発足した剣道は純然たるスポーツであって剣道としての伝統は廃絶した。

剣道理念の制定によって一応伝統は復活したものの、それまでの三十年の空白は大きかった。

伝統と言っても現実は変化していくものである。人が変われば考え方も変わってくる。古いことのみに固執していては進歩発見はあり得ない。されぱと言って総べて伝統を否定するならば、人間の文化そのものがあり得ないであろう。文化は過去からの蓄積であり、伝統なくしては新しい創造は始まらない。

我々の祖先が心血を注ぎ営々として築いてくれた立派な剣道に、更に花を添えて後世に遺していく責任を痛感するのである。

元来剣道は技術の鍛錬を通じて人格の向上を目指すのが大きな特徴であり、技術の鍛錬、即ち稽古を積むことで自然に人格も向上していくことである。正しい稽古をやることによって、剣道の目的である人間形成は可能と考えるので稽古法について述べることにする。

初太刀一本、千本の価値

剣道再生への提言

(1)指導者の剣道に対する認識の確立。
(2)指導法の改善と審判技術の向上。

剣道は竹刀を持って約束部位を打突して勝敗を争う競技であるが、本来は日本刀を使って眞剣勝負に勝つための訓練であった。

眞剣勝負では初太刀一本に生命がかかっていて、やり直しはきかない。一刀で相手を倒すか倒されるかの生死の境こそ、事理一致の工夫と鍛錬によって会得されるべきところであった。

そのような極限状況の中にあっても、曇ることのない明鏡のような心が、剣道によって求められる心でなくてはならないと思う。

従って時代が変遷して競技方法で行なうようになった現在でも、剣道が眞剣勝負としての精神を忘れてはその意義を失ってしまう。

競技方式によって剣道の本質に迫ろうというのが現代剣道であってみれば、初太刀一本が極めて重要な意味を持つことになる。

次に技術向上の面から初太刀一本について考察してみよう。

昔から〝初太刀を許すな〟〝初太刀は必ず取れ〟と言われているのは何故か。

初太刀一本の中に剣道の要素が総べて入っているということである。言い換えるならば、総べての要素（理合）が全部纏まらなければ初太刀は取れないということである。それは極めて至難の業であるが、それを工夫鍛錬することが技術の向上に重要であると共に、人間形成への途でもあると考える。

〝初太刀一本、千本の価値〟と言われる所以である。

剣道の極致は〝心気力一致〟の妙境に到達することであろう。我々の剣道修行の最終課題は、心気力一致を体得することであり、何時でも何処でもそれの出来る人が名人と言われ、一応剣道の修行は終わりと言われている。

ところが、名人達人と言われている人達でも、剣道は一生かかっても完成はない。先にいく程難しいと言われるのは何故か。

心気力一致が極めて難しいからである。

初太刀一本を大事にする眞剣な稽古によって心気力一致が出来ないまでも、技術も心境も向上することを願って修行を続けなければならない。

一にも稽古、二にも稽古、三にも稽古、一生稽古。

理合を一本に凝縮する稽古

次に稽古及び指導法について述べてみる。

一、稽古の目的

稽古の目的は、「基礎動作及び応用動作に於て習得した技術を活用して、之に習熟し、相手の動作を察知して技を施す能力を養成し、終に試合に於いて勝利を得るための要領を会得するためのもの」である。

稽古は上達のための最大の要件である。如何に天才的な人でも、その名声の裏には血の滲むような稽古修錬が積まれたのである。

稽古を積むことによって正確な技術を会得し、体力を増進し、胆力を錬り、心身一如の妙境を体得出来るのである。

剣道は勝敗を除いたら成り立たないから、稽古は良い指導者について、段階的に順序を踏んで行なうことが肝要である。

結局は試合に於て立派に勝ちを得るための修錬ということが出来る。

試合の課題は打たれずに打つことである。打たれまいとする相手を打つのであるから難しい。

結局、剣道の理合が一本の技（有効打突）に凝縮されなければならない。

二、稽古の方法

(1)基本及び剣道形
(2)打ち込み稽古　┐
(3)切り返し　　　┘基礎動作
(4)掛り稽古

⑸地稽古―⑴互格稽古
⑵引き立て稽古――応用動作

基本動作（とくに切り返しについて）

基本及び剣道形は、剣道を行なう上での基となる技術のこと。

打ち込み稽古とは、元立ちの与えた打突の機会を捉えて打つ打突の基本的な技術を体得させる稽古法である。

従って元立ちは習技者の技術を勘案して、主体的に打突の機会を与えて打ち込ませる。

基本打突（面・小手・胴・突）とは、正しい間合（一足一刀）から、正しい姿勢で、正しい手の内の作用で、決められた部位を、合理的な動作で、正しい足捌きを伴って打突する動作である。

切り返しは、正面打ち（正面の基本打ち）と連続左右面を組合わせた剣道の基礎的動作の綜合的な稽古法である。


（要領）

習技者は一足一刀の間合から元立ちの正面を打ち、構えの姿勢（中段の構え）に復することなく、元立ちの後退に従い前進しながら連続左右面を数回打ち、更に元立ちの前進に従って後退しながら同様に打ち、中段に復して面を打つ。これが一回で同様の動作を数回行なう。

（ねらい）

切り返しは、身体四肢を柔軟にし、掌中の作用を巧妙に、動作を敏活にし、併せて体力気力を増進し、気剣体一致の活動を期すると共に、間合の観念を体得する動作である。

掛り稽古について

掛り稽古は習技者を元立ちに組ませて、各技の応用変化を実際的に訓練する稽古法。

（要領）

習技者は躊躇逡巡することなく、先を以て自在かつ猛烈に単一技・連続技及び適宜に体当たりを行ない、ある限りの精力を尽す。

元立ちは単にこれを受け止めるだけでなく、習技者が踏み込みすぎるときは退り、足りないときは進み、或いは間合を詰め、或いは伸ばしながら打突を誘導すると共に、合気となって矯正的な打突を行ない、応変の技術と気力の錬成をはかり、充分に間合を取り、大きく・正しく・伸び伸びとした技を行なわせるよう留意する必要がある。

（ねらい）

この稽古は基本動作及び応用動作に於て習得した技を、勝敗を離れ自己を忘れて一心不乱に気息の続く限り打ち込み、その間に基本打突の実際的応用と、その応用変化と進退駆け引きの技術を体得し、併せて旺盛なる体力・気力を養成するために行なうものである。

（切り返し・掛り稽古は『警視庁剣道教本』を参照）

以前は打ち込み稽古・切り返し・掛り稽古を一緒にしたものを、打ち込み稽古と言った。

「打ち込み三年」と言って、初心者からこの稽古を繰り返し繰り返し行なったものである。

それによって剣道の基礎土台が出来たから剣道の本体である構えが崩れない。

戦後の稽古は、この基礎訓練を疎かにして手先の技に走っているのではなかろうか。

持田盛二先生はその遺訓の中で、

「剣道は五十歳までは基礎を一所懸命勉強して、自分のものにしなくてはならない。普通基礎というと、初心者のうちに習得してしまったと思っているが、これは大変な間違いであって、そのため基礎を頭の中にしまい込んだままの人が非常に多い。私は剣道の基礎を体で覚えるのに五十年かかった」と警告されている。

その中でも特に切り返しは、高段者になっても行なうべきである。

地稽古について

地稽古には互格稽古と引き立て稽古の二種類がある。

⑴互格稽古は、相互に伎倆の伯仲する者が間合をはかり、虚実を尽して一撃一突もおろそかにせず、充分なる気合を込めて勝敗を賭けて闘う稽古法である。

⑵引き立て稽古は、主として伎倆の上位の者が下位の者に対して行なうもので、努めて相手を引き立て、技術・気力・体力等を鍛錬させ、進退動作を敏活ならしめる稽古法。

習技者は、打たれ突かれることに恐れることなく、ただ自分の技術・気力・体力等を鍛錬する目的で、元立ちに対して猛烈に打ち込んでいく。

特に初心者の稽古については最初が大切であって、その時の修行如何が将来に於て重大な結果をきたすのである。この時期に誤った稽古をすると、悪い技癖を生じて技の上達を妨げ、その矯正は容易なことではない。

先ず基本的技を多く錬って、打ち込み・切り返し・掛り稽古を盛んに行なうのが良い。

そうして体を鍛え、気力を錬ると共に技を正確にし、素直な伸び伸びとした正しい稽古をすることが最も肝要である。

この引き立て稽古は、一回の稽古の中に互格稽古・打ち込み稽古・掛り稽古・切り返しの全種目が入ることが望ましいが、習技者は初心者から熟練者までいることだから、次に示す稽古例の中から元立ち（指導者）が選択すれば良い。

尚、習技者の年齢技倆が大凡同じで集団でやる場合は、種目の切れ目切れ目を合図によってやるのも一つの方法である。

引き立て稽古の例

⑴切り返し─打ち込み稽古─掛り稽古─切り返し（初級者）
⑵切り返し─互格稽古─掛り稽古─切り返し（中級者）
⑶互格稽古─打ち込み稽古─掛り稽古─切り返し（上級者）

榊原鍵吉の指導法は〝蒲鉾稽古〟で有名である。相手が誰であろうと初太刀一本は必ず取り、その後は相手に存分技を出させて、打たせて相手を引き立てる指導をされたので、榊原道場では良い弟子が育ったと言われている。

誰とやる時でも気を抜いた稽古をしてはならない。気を抜いた稽古は相手に対して悪い。自分の為にもならない。何時でも骨の折れる稽古を心掛けることが肝要である。それには遠間で而も一本一本全力を出して眞剣にやることである。

事理一致（技術と理論）

事とは技術であり稽古である。

理とは理論であり反省工夫であり、本体・眞理を現わす真実の心。

事理一致とは、理論的な工夫・思索・研究と、実際の稽古は表裏一体でなければならないという意味である。

理合を研究し、それを実際の稽古でやってみる。失敗する。失敗したら反省し、又やってみる。

〝負けてその理を知るは、勝ちてその理を知るに勝れり〟という訓えを守り、繰り返し反復し、一つずつ体で覚えることである。

剣道は平凡なことの繰り返しであって、その平凡なことの中に眞理があると思う。技が熟練して本能的にまでになって、試合の場合に無心であればいい。技を見事に作り上げげ、その技を見事に遣いこなすかは心次第であって、その技は心が作るものである。

要は平素の稽古を眞剣にやることだ。常に初太刀一本、二本目も初太刀という、一本一本に全精力を尽くすことで、気を抜いた稽古からは何も生まれてはこないだろう。

〝初太刀一本、千本の価値〟と言われる所以である。初太刀一本の中に蹲踞から残心まで、剣道で大事なものが総べて入っている。

剣道の理合（全人格の表現）

理合とは剣法上の理論。筋道。

正確に打突するには、姿勢・構えはもとより、気勢・目付け・間合・機会・体捌き・手の内の作用・呼吸等が要素となり、その要素の上に立って最大効力を引き出す方法であるということが出来る。これらの要素が常に統合されて出る技が有効打突であり、その中心が呼吸であると考える。呼吸を中心にして各要素が統合された状態から出る技を剣道では「心気力の一致」といい、その技が眞の有効打突であり、その技がその人の全人格の表現ということができる。

心気力一致（攻防の要諦）

心気力の一致については種々の解説があるが、それらを纏めてみると、〝心気力一致〟とは、攻防の要諦を表現した言葉であって、心とは精神作用の静的方面であり、相手の動静を直感によって感知し判断する能力のこと。剣道ではこれを無心という。無心とは、是非の分別が無くて是非を知る心。気とは心の判断に従って外部の動作に現われるものであり、気は心に率いられ心の命令に従って活動する精神作用の動的面をいう。力とは身体の力、転じて技をいう。

心気力の一致とは、或る刺激に対して心の直感で知覚判断されたものが、直ちに精神の働きによって技に表現される。しかもこの三つが即一瞬間的に行なわれる状態をいう。

呼吸（哲理と効果）

呼吸という言葉は、物事を行なうときの勘どころを指す言葉だが、その源は息を呼く吸うの、所謂〝呼吸〟のことである。

呼吸には

胸式呼吸―自然呼吸（無意識呼吸）と丹田呼吸―努力呼吸（意識呼吸）の二種があり、剣道の呼吸は丹田呼吸で、長呼気丹田呼吸と短呼気丹田呼吸とがある。短呼気丹田呼吸は、打突の際、溜めていた息を短く呼く息をいう。

高野佐三郎先生は呼吸について

「呼吸は三呼吸でやれ。

第一の呼吸が〝胸の息〟。今の試合はみんな「ヤーヤー」と胸の息でやっている。胸の息ではどんなに打っても駄目で、無駄打ちが多い。

第二の呼吸が〝丹田の息〟。胸の息を気海丹田まで下げる。ただ息を丹田まで下げただけでは技が出ない。ここが難しい。

第三の呼吸が〝眞人の息〟。丹田に下げた息が体全体にまわる。そしてズーッとまわって踵《かかと》にくる。咽喉でしている息を踵まで下げる。そして第三の息は、その踵を返して下からグーッと上に来る。その上がってくる息で打つ。そうすると無駄打ちが無い。

ここまでゆくと、その息は坐禅と一致する。こういう息ができるためには、ふだんの修錬が必要」と訓えられている。呼吸の中に深い哲理が含まれていることを犇々《ひしひし》と感ずる。

丹田呼吸について蛇足を加えてみる。

生理的効果は周知のことだから省略。

心理的効果は丹田呼吸で横隔膜が上下し太陽叢を刺激すると、自律神経の中の副交感神経が交感神経より優位になるため精神が安定し、心身の調整に効果があるとされる。

従って、呼吸が変われば情動が変わり、情動が変われば呼吸が変わるという結果になる。

情動とは、喜怒哀楽の感情。剣道ではこれを驚懼疑惑の四病という。

呼気は実で吸気は虚という事実からも、長呼気丹田呼吸の重要性を窺うことが出来る。

〝息は気なり〟と言われている。相手を攻めるのも先ず気で攻める。その気は丹田から発する。丹田呼吸から発すると言っていい。

気で攻めて・乗って・破って・機に乗ずることは、日本伝剣道の極意に通ずる。古来〝勝って打つ〟ということは剣道修行の箴言でもある。

剣道の理合は呼吸を中心とした各要素の統合であると先に述べたが、呼吸が乱れただけでその統合が崩れる。

相手を崩すということは、相手の呼吸を撹乱することだと言える。従って剣道の勝敗は呼吸の乱し競べとも言える。

姿勢も剣道にとっては極めて重要な要素であるから、その関係について概略を述べる。正しい姿勢が剣道の土台であり、正しい姿勢から正しい技が出るのだから、剣道修行者は先ず第一に心掛けねばならない。

その姿勢も呼吸と密接な関係にある。

姿勢とは姿と勢から成っており、姿は外相であり、勢は全身に漲《みなぎ》る活力と言って良い。共に呼吸と関係が深い。

姿は体の中心と重心が一致したときが一番良い姿勢とされている。それには両足の踏み方が土台である。右足の湧泉と左足の湧泉を結ぶ線の中心に体の重心をかけると自然体の重心が丹田に落ちつく。

上虚下実と言われるのがその姿勢である。（五輪の書〝みなりのこと〟参照のこと）

以上、理合についてその概略を述べてみたのであるが、理合に基づく稽古が、剣道の最終段階である心気力一致を目指す者の重要課題だと痛感する次第である。

心気力の一致を体得することが、剣道の目的達成のための修行であって、心気力の一致と人間形成は別のものではない。

人間形成（死生一如）

愈々人間形成の段になったが、自分にはそれを説く力はないので、先人の教訓を借りてその責をふせぎたいと思う。

剣道の要諦に想う

石田和外

生くべくして生き、死すべくして死す。まことに死生一如、生くべきときには死力を尽し、死すべきときには従容《しょうよう》として帰するが如くに逝く。

かかる生死の判断と覚悟、日本武道の神髄は畢竟《ひっきょう》そこに存するものと、日頃私は確信している。

そしてその要諦は、湧き来る執着、妄念を能く払拭して、住するなく著するなく、留らず滞《とどこお》らず、換言すれば無心無我、応じて蔵せざること明鏡の如き境地に到達することであろうか。

生きながら死人となりてなりはてて
　思いのままになす業ぞよき
　　至道無難禅師

日本の武道にはこんな奥深いものがあることを肝に銘じ、日夜怠らず研鑽を積みたいと思う次第である。

日本剣道の眞の発展を祈りつつ筆を擱く。

（「剣道時代」平成八年三月号掲載）

八、日本伝剣道の極意〝乗って制す〟

自分から近く、相手より遠い間　これを乗るという

剣道は竹刀を持って約束部位を打突して勝敗を争う競技ですが、本来は日本刀を使って真剣勝負に勝つための訓練でした。真剣勝負では初太刀一本に生命がかかっていて、やり直しはきかない。初太刀に勝つためにはどういう稽古をやるかというと、それが「乗る」です。

たとえば間合の話をすればわかりやすいと思います。昔は間合と間を分けて説明しておりました。間合とは相手との距離、すなわち有形です。間とは構えたときのすべての状況（空間的、時間的）が自分に有利なときに「自分から近く、相手より遠い間」と言い、これを私は「乗る」というのだと思います。つまり、気持ちで勝ったものを技にあらわす。

二つ目は攻防の理合。剣を殺し、技を殺し、気を殺すという三殺法です。これも自分が有利であることが乗るためのひとつの条件です。

三つ目は気合です。「気は息なり」と昔からいわれるように、呼吸と密接につながっています。「気」というのは言葉ではなかなか表現できないところですが、辞書によれば、人間の生命の原動力となる勢いと書いてあります。これは私もいろいろな書物を読みましたが、難解です。ただ宇宙というのはすべてこの気で成り立っています。宇宙の気を体内に取り込んで、自分のエネルギーとして外に発揮する。これが呼吸です。

全剣連では、「剣道理念」に基づき、正しく強く高い水準の剣道を育成することを目的に、本年度から初心者・初級者（三段以下）・中級者（四・五段）・上級者（六段以上）といった技能区分で、それぞれ身につけるべき指導事項を決めました。その上級者クラスの指導目標に「心気力一致」という言葉が出てくるのですが、その中で一番重要なのは呼吸と姿勢です。

呼吸が先に乱れた方が負け。だから剣道の勝負は呼吸の乱しくらべ。どうやって相手の呼吸を乱すか、それが気合です。

乗れば勝ち、乗られれば負け

さて、剣道では呼吸が大事であると私はかねがね訴えてまいりましたが、最近はどうやら少しずつ理解者が増えてきたのは喜ばしい限りです。これを機に、日本古来の伝統と文化に培われた剣道を正しく伝承するために、呼吸を練りなさい、と提唱しているところです。

呼吸には、自然呼吸と努力呼吸があります。自然呼吸とは無意識呼吸、努力呼吸とは意識呼吸です。剣道の呼吸は長呼気丹田呼吸といって、吐く息を長く、吸う息を短く、しかも細く、長く、静かに丹田で行なう呼吸です。回数も段々と少なく、一分間に二〜三回くらいになるまで練るとよいとされています。この呼吸を抜いて、剣道はあり得ません。

四つ目は技です。技は多彩なほうがいい。「名人に得意技なし」という教えがあります。私どもは得意技しか出ない。ところが名人になると相手の隙はどこでも打てるということですが、その前提として、攻めがある。気持ちで乗られていたら、つまり呼吸を乱されていたら、技は出ない。

五つ目は心の働き、これが一番重要です。要するにあがらないことです。小川先生は稽古日誌の中でこう書かれています。「剣道の大敵は自己なり」と。そのときの心の持ち方次第です。どんな技の名手であっても、気持ちが乱れたら技は出てこない。驚懼疑惑《きょうくぎわく》という四病がありますが、それにもうひとつ、私は「驕《きょう》（おごり）」も入れて、五病にしてもいいと思います。こういう気持ちがあったら、技が出ないばかりでなく、相手がみえなくなって判断が出来なくなってくる。

「心こそ心迷わす心なれ　心に心こころゆるすな」という道歌がありますが、どんな極限状況にあっても心が動かない、いわゆる沢庵禅師のいう「不動智」です。

結局、いま申し上げた五つの項目〈①間合、②攻防の理合、③気合、④技、⑤心の働き〉が全部揃って、相手より優位の場合を乗るというのです。乗れば勝ち、乗られれば負けです。相手だってそんなことは百も承知です。だから剣道は難しい。

「練るべきは呼吸なり」というゆえんです。

日本の剣道を正しい方向へ戻そう

乗るというテーマから逸脱するようですが、これからの剣道は初太刀一本を大切にする剣道をみんなで考えていかないと、これ以上進展していかないのではないでしょうか。それくらい、初太刀一本で勝つことは難しい。そこに剣道修行の尊さがあり、「剣の理法の修錬」とはそのことを言っているのです。

小川忠太郎先生は「初太刀一本、千本の価値」と喝破されています。無駄打ちを千本打つよりも、初太刀一本のほうが遥かに価値がある、という意です。まさしくそのとおりで、日本の剣道をその方向へ変えなければいけない、と私は思っています。一本目も初太刀、二本目も初太刀、三本目も初太刀という気持ちでやれ、と。

それは単に剣道だけでなくて、日常生活でも同様です。人生は一度きりです。二度目はありません。一日一日を精一杯、正しく生きる。これが剣道につながってきます。「人間形成」とはそういうことです。

今こそ、日本伝剣道を正しい方向へ返す、絶好のチャンスと心得、みなさんのさらなるご精進を祈念申し上げます。

（「剣道時代」平成十四年六＋七月号掲載」）

森島

九、私の好きな言葉

一大事と申すは今日只今の心なり（正受老人）

〝少年老い易く学成り難し〟朱熹《しゅき》作のこの詩は、中学生の頃、漢文の先生に教わって発憤したものだが、怠けているうちに〝階前の梧葉已に秋声〟ということになって了って、洵に忸怩《じくじ》たるものを感じている。

正受老人《しょじゅろうじん》とは、臨済禅の巨匠道鏡恵端《どうきょうえたん》禅師のことで、禅師の語として伝えられる〝聖人の一日暮し〟出てくる一節である。（前略）

「今日一日暮す時の勤めをはげみつとむべし。如何程の苦しみにても一日と思へば堪へ易し。楽しみも又一日と思へばふけることも有るまじ。愚なる者の親に孝行せぬも長いと思う故也。一日又一日と思へば退屈はあるまじ。一日一日と務むれば百年千年もつとめやすし。何卒一生と思ふから大さうなり。一生とは長い事と思へど後のことやら翌日の事やら、一年二年乃至百年千年の事やら知るあるまじ。死を限りと思へば一生にはたされやすし。一大事と申すは今日只今の心なり。其をおろそかにして翌日あることとなし。総ての人

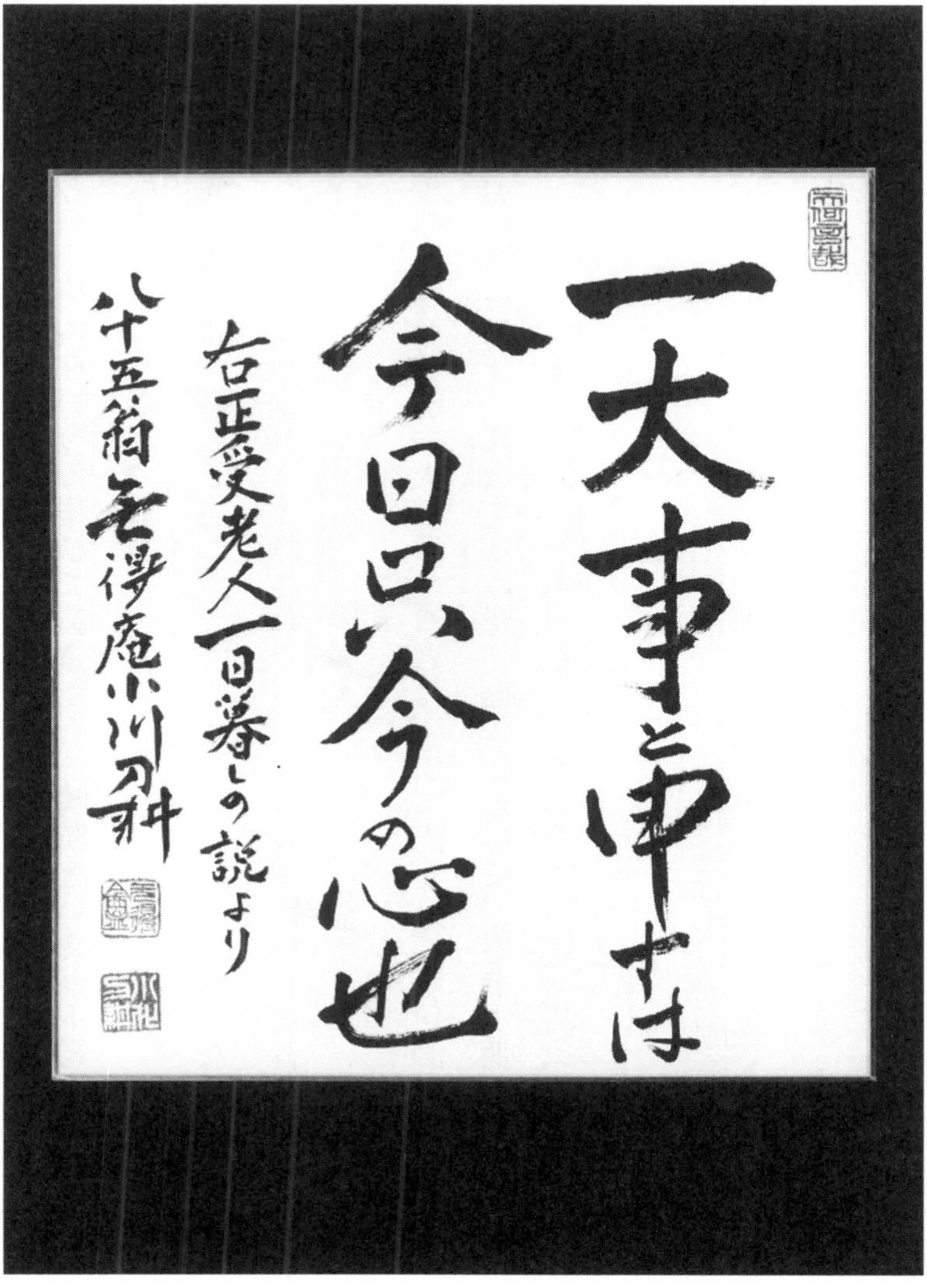
一大事と申すは今日只今の心也
右正受老人一日暮しの説より

に遠き事を思て謀ることあれども的面の今を失ふに心づかず。」（原文のまま）
人間の一生は今日一日現在只今の集積であるから、瞬時といえども疎かにしないで、今日一日に全力を尽くせということであろう。
恩師斎村五郎先生は、我々新入学生に対して〝今の気持ちを忘れるな。毎日今日から剣道を始めたという心掛けで頑張れ〟と諭された。言葉は簡単だが、実行することは大変難しいことである。
これから剣道を修行される若い人に希うことは、まず志を立て、正師に就き、あとは努力すること。剣道の修行は、平凡なことの繰り返しと心得て、倦《う》まず弛《たゆ》まず、必死になって稽古してもらいたい。〝剣道の大敵は自己なり〟の信念のもとに初志を貫徹されることを期待する。

（『剣道時代』平成十五年六月号掲載）

第四部◉追悼

森島健男先生

永年に亘り公私ともに森島先生の薫陶を受け、
その遺志を継いで乃木神社尚武館道場で少年指導に当たられている
梯正治、坂口竹末両師範に追悼文を寄稿いただいた。

信念の人・忍耐の人・努力の人

梯正治（元警視庁剣道主席師範・乃木神社尚武館道場師範）

乃木神社に尚武館道場が誕生して、はや三十七年の歳月が流れました。「一緒に子どもたちの指導をしよう」と、お声を掛けていただいたのが昭和五十八年の暮れのことでありました。

森島先生（六十三歳）範士八段、小生（三十七歳）教士七段の時でした。翌五十九年一月七日の道場開きでは、日本剣道形の仕太刀を申し付けられ、余りの格の違いに緊張したのを覚えています。

初代門人は十三名で始まりました。森島先生、小生、そして神職の相木氏（二十五歳・四段）が指導に当たりました。相木氏は森島先生の稽古日の講話を一言一句記述し、本書の編纂に多大なる貢献をされました。

森島先生には小生警視庁に奉職以来、公私ともに大変お世話になりました。現役時代は特別練習員（通称特練）の鬼監督。剣道をされている皆様には、ご理解いただけると思いますが、全国警察の中でも一番と言って過言ではないほどの厳しい指導者（監督）でありました。しかし、森島先生のご指導は、ただ厳しいだけではなく、「鬼手《きしゅ》・仏心《ぶっしん》」と申しまして、「手は心を鬼にして。心は仏のように諭す」という理屈・道理に適った指導方針でありましたので、我々も先生の口癖の〝なにくそ〟の精神で乗り切り、全国制覇させて

乃木神社尚武館道場10周年記念において
打太刀・森島師範、仕太刀・梯師範で日本剣道形が披露された

いただくことができました。

しかも尚武館道場では、門人をとても可愛がり、子供たちから大変慕われておられました。私どもには、恐い親父さんも晩年には好々爺として仕えました。

森島先生を一言で表わせば
「信念の人・忍耐の人・努力の人」。

良い意味での「肥後もっこす」を貫いた、偉大な昭和の剣道家でありました。

私が師事した半世紀余りの歳月は、剣道修錬の指針として常に心にあり、今更ながら偉大な師匠に巡り会えた喜びに感謝しております。また、私的には仲人をお願いするなど人生の道標としても尊敬申し上げております。

コロナ禍で残念ながら葬儀にも出られず、仏前に手を合わせることも出来ない永遠の別れが心残りであります。

森島先生、安らかにお眠りください。ありがとうございました。

令和二年八月十六日　ご逝去（享年九十八歳）

戒名　法剣院釋至誠居士

合掌

心に刻む「剣道の修行に終わりはない」

坂口竹末（元警視庁剣道師範・乃木神社尚武館道場師範）

「初太刀一本が大事。剣道の本質は真剣勝負、その精神を受け継いでいるのが初太刀一本である。真剣勝負なら一本勝負で決まる。二本目はない。だから初太刀を大切にする。一本目も二本目も三本目も同じ、常に『初太刀一本』の心構えで稽古、試合をする」

「技を出すまでの気の争い、心の争いがある。それに負けたほうが負け。心の争いがなくて技を出してはいけない」

「剣道の極意は捨て身、相打ちの勝ち。一本の打突に命をかけなければならない」

先生が各道場で説かれている剣道修錬の要諦は周知の通りです。

「うんと稽古をして技を磨く。それと同時に心の修行を怠るな」。先生にはたくさんのことを教わりました。

森島先生との出会いは、私が昭和四十四年、警視庁警察学校入校中に行われました学生による剣道個人試合で、運よく優勝し、記念写真を一緒に撮っていただいた時です。先生の横でたいへん緊張したのを覚えています。それ以来、警視庁、野間道場、乃木神社尚武館道場と約五十年間、直接、間接的にご指導をいただきました。

ある時は「坂口、基本は変わったのか？」と私の稽古を後ろで見ておられた先生から声をかけられました。私が竹刀の柄頭を少し余して握っているのを注意してくださったのです。

また、面を打たれそうになると首を横に動かして避ける癖がある私に「なにをビクビクするのか、首を動かすな！」と叱られたこともあります。いつも厳しい目で稽古を見ておられ、指摘していただきました。

「剣道修行に土日はない」「書物を読んで見識を広めよ」など先生の教えは修錬を積み、年齢を重ねるごとに私にも理解できるようになりました。

「剣道修行に終わりはない。『山々雲』だ」と言っておられた先生の専門家としての覚悟を痛感しています。私には実行することは厳しい山道ですが、少しの進歩を求めながら修行したいと思います。

（『剣道時代』令和二年十一月号掲載したものに見出しの変更と一部修正しました）

森島健男（もりしま・たてお）

大正十一年熊本県生まれ。國士舘専門学校から警視庁に奉職。全剣連創立二十周年記念全国選抜八段戦優勝。全日本剣道連盟副会長、同相談者、警察大学校教授などを歴任。警視庁剣道名誉師範。明治大学剣道部名誉師範。明治神宮至誠館名誉師範。乃木神社尚武館道場名誉師範。剣道範士（剣道九段返上）。令和二年八月十六日逝去。

神の心 剣の心 新装増補改訂版

令和３年８月16日　初版第１刷発行

著　者　森島健男
編　者　乃木神社尚武館道場
発行人　手塚栄司
発行所　株式会社体育とスポーツ出版社
135-0016 東京都江東区東陽2-2-20 3F
ＴＥＬ　03-3291-0911
ＦＡＸ　03-3293-7750
Eメール　eigyobu-taiiku-sports@thinkgroup.co.jp
http://www.taiiku-sports.co.jp
デザイン　株式会社エールデザインスタジオ
印刷所　株式会社東邦

ISBN978-4-88458-429-0 C3075 Printed in Japan